MR. DR. MOISES F. DA COSTA GOMEZ

MR. DR. MOISES FRUMENCIO DA COSTA GOMEZ

27 oktober 1907 – 22 november 1966

MR. DR. MOISES F. DA COSTA GOMEZ

Voorvechter van de politieke emancipatie der Nederlandse Antillen

Ronaldo D. (Eugène) Boeldak

Publishing by the seas
Santa barbara, CA

Publishing by the Seas

Publishing by the Seas, Inc.
Santa Barbara, CA
www.publishingbytheseas.com

ISBN 978-1-940654-99-7

Cover design: Katya Tabakova

Dit boek draag ik op aan mijn grootmoeder (Ganchi)
Johanna Christina Florencia-Francisco (1896–1998)
die mij in bange dagen heeft beschermd en opgevoed.
Ik hoop dat haar nagedachtenis mijn kinderen
Elior, Zsani, Rogier en Sander mag inspireren.

Grote politieke gebeurtenissen, die in het nationale leven ingrijpende veranderingen brengen, hebben zelden plaats zonder ernstige botsingen.

Zij, die aan het bestaande verbonden zijn, die het aan het bewind zijnde regiem steunen en de voordelen, die deze steun oplevert, genieten, worden vaak met blindheid geslagen, zodra ingrijpende wijzigingen in de bestaande orde op til zijn.

In de kortzichtigheid, die het gevolg is van de beperkte bewegingsruimte van het persoonlijk belang, tracht de profijttrekkende bovenlaag met behulp van de machtsmiddelen der gevestigde overheid de bestaande toestand te handhaven onverschillig voor de nadelen, die daaruit voor het gemeen voortvloeien. Immers zien zij de vernieuwing als ondergang van hun gevestigde belangen, die in hun ogen de voorrang hebben boven alle gemeenschappelijke.

Het gevestigde gezag, dikwerf even kortzichtig in het streven naar zelfbehoud, steunt de reactie, vergetend, dat werkelijke volksbeweging niet kan worden gestuit. Gedurende de groeitijd der beweging tracht zij de ontwikkeling te stuiten met alle haar ten dienste staande middelen, zowel direct als indirect. De reactie, die het contact met de volksovertuiging mist, tracht evenwel proselieten te maken door de nieuwe toestand te schilderen in vuurrode kleuren en wankelmoedigen een angstwekkende toekomst voor ogen te houden; daarbij wordt het streven naar vernieuwing, tot uiting gebracht door de leiders der politieke groepen, voorgesteld als een drijven van intriganten, behept met grenzeloze eerzucht zelf aan de top te komen. Elk betoog voor vernieuwing, voor het scheppen van nieuwe levensvormen en voorwaarden wordt demagogie zonder inhoud genoemd, demagogie, bestemd om het heilige onveranderlijke recht te ontwortelen en een heilloze chaos te scheppen. Zij vergeten, de dwazen, dat werkelijke drang naar vernieuwing niet is te stuiten. Is het rechtsbewustzijn eenmaal in verzet gekomen, dan kan alleen uit die rechtsbron het nieuwe volksrecht geboren worden. De geschiedenis van alle volken en tijden leert ons dit, niet in het minst de geschiedenis van de volken van ons eigen Koninkrijk.

Hoe dwaas is het verzet van sommigen in Curaçao, die wel met woorden het zelfbeschikkingsrecht voor ons volk verlangen, doch elke vorm waarin dat recht belichaamd kan worden, onmiddellijk verwerpen.

Uit een Rede van Mr. Dr. M.F. da Costa Gomez
uitgesproken in de openbare vergadering van de Staten van
Curaçao op 28 oktober 1946.
Bron: M. F. da Costa Gomez, Curaçao rijp voor autonomie
(Willemstad, 1947), 21–2.

INHOUDSOPGAVE

VOORWOORD

Dit werk van Eugène Boeldak is een van de weinige dokumenten die er bestaan over het werk, gedachtegoed en leven van deze erudiete en illustere Curaçaoënaar, Moises Frumencio da Costa Gomez. De publicatie is niet louter als een zeer lovenswaardige daad te beschouwen, doch eveneens als een broodnodige uiteenzetting van de grote betekenis van het leven en werk van een groot staatsman. Het werk is gebaseerd op systematisch wetenschappelijk onderzoek. De publikatie draagt bij tot het meer en beter toegankelijk maken van een belangrijke periode in de staatkundige en politieke geschiedenis van het Koninkrijk in het algemeen en van Curaçao in het bijzonder.

De publikatie werpt ook licht op de enorme inspanningen die Da Costa Gomez zich heeft getroost voor de ontwikkeling van zijn geliefd volk. De constante discussies over staatkundige veranderingen binnen het Koninkrijk en tussen de eilanden onderling maakt dat het werk van Da Costa Gomez aktueel blijft. Enerzijds richtingevend om de lijn van de geschiedenis geen onrecht aan te doen, en anderzijds ook een enorme inspiratiebron voor allen die zich bezighouden met de staatkundige problematiek binnen het Koninkrijk en voor Curaçao in het bijzonder.

De studiejaren

Moises Frumencio da Costa Gomez was een jonge briliante leerling die de acht leerjaren van het toenmalige St. Thomascollege, met glans doorliep. Op vijftienjarige leeftijd vertrok hij naar Nederland om aldaar, bij de Fraters van

Tilburg verder onderwjs te gaan volgen. Daarop volgde het Canisius College in Nijmegen (1923) onder leiding van de paters Jezuïeten. De jonge Moises blonk uit in talen en won herhaaldelijk de schoolprijzen voor Nederlands, Latijn en Grieks. Voor hem betekende kennis van talen een goed middel om zijn horizon te verbreden. Voorts kon een goede beheersing van de oude talen hem meer toegang bieden tot naslagwerk ter verdieping in de materie en geschiedenis van de Rechtswetenschappen. Moises heeft reeds na de vijfde klas gymnasium staatsexamen gedaan en het gymnasiumdiploma gehaald. Hij was toen klaar om zich toe te wijden aan de studies in de Rechtswetenschappen aan de R.K. Universiteit van Nijmegen. Gedreven als hij was, legde hij binnen één jaar (1926) het kandidaatsexamen af en 3 jaar later (1929) het doktoraalexamen. Dit alles met uitstekend gevolg.

Het was duidelijk merkbaar dat, hoewel hij zich ver weg van zijn geboorteland bevond, daar in Nederland waar hij aanvankelijk voor de studie verbleef en ook zijn wetenschappelijke carriere begon, hij desalniettemin met zijn aandacht en concentratie steeds gericht bleef op de sociaal- politieke ontwikkeling van zijn geboorte-eiland Curaçao. Dit in beschouwing genomen mag het niemand verwonderen dat hij op 3 december 1935 aan de Universiteit van Amsterdam promoveerde op het proefschrift getiteld: 'Het wetgevend orgaan van Curaçao: samenstelling en bevoegdheid bezien in het kader van de Nederlandse koloniale politiek.'[1] Later zou dit belangrijk werk mede als bron dienen voor het samenstellen van het 'Statuut van het Koninkrijk.'

---

1 Van 1845 tot 1936 werd de naam 'Kolonie Curaçao en onderhorigheden' gebruikt voor de zes ABC- en SSS-eilanden. Van 1936 tot 1948 werd de naam gewijzigd in 'Gebiedsdeel Curaçao.' Pas in 1948 is de naam `Nederlandse Antillen' ingevoerd.

Vertegenwoordiging in koninkrijksverband

Enkele weken na zijn promotie is hij teruggekeerd naar Curaçao en werd hij een van de oprichters van de R.K. Volkspartij. Bij de statenverkiezingen van 1937 werd hij gekozen tot Statenlid.

Gezien de nimmer tanende belangstelling van Da Costa Gomez voor staatkundige vraagstukken, was het dan ook niet verwonderlijk dat juist hij werd aangesteld als lid van de 'Buitengewone Raad van Advies' teneinde Hare Majesteit Koningin Wilhelmina tijdens haar ballingschap in Londen te adviseren inzake staatkundige aangelegenheden met betrekking tot de koloniën in de West. Het voornemen van Koningin Wilhelmina, uitgesproken in haar radiorede vanuit Londen op 6 december 1942, om grotere zelfstandigheid aan de koloniale gebieden te geven, paste helemaal in de belangstellingssfeer en visie van Da Costa Gomez.

Sociale betrokkenheid

In 1944 keerde Da Costa Gomez terug naar zijn geboorte-eiland Curaçao. Hij werd er tewerkgesteld als waarnemend hoofd van het Departement van Sociale- en Economische Zaken. In die funktie werd hij vrijwel direkt geconfronteerd met nijpende misstanden van sociale aard. Er heerste een grote achterstand op vrijwel elk gebied voor wat betreft de rechtspositie en leefomstandigheden van de arbeidende klasse. In een kolonie met census- en capaciteitskiesrecht, zoals dat op Curaçao het geval was, werd het overgrote deel van de bevolking uitgesloten van aktieve participatie in de politiek. Dit was voor Da Costa Gomez een doorn in het oog. Volledig onacceptabel, aangezien hij het kiesrecht beschouwde als een grondrecht.

Het is daarom niet vreemd dat hij langs de weg van de politiek en het vakbondswezen gestreden heeft om ieder individu bewust te maken van alle rechten en plichten waar zij als vrije burgers levend in een rechtstaat, aanspraak op konden/ moesten maken en hoe men gezamenlijk kon optreden als mens en als burger teneinde een menswaardiger bestaan op te bouwen.

Voorbereiding op de autonomie

Teneinde de bevolking van het eilandgebied Curaçao in de gelegenheid te stellen meer eigen verantwoordelijkheid te dragen voor land en volk werd in 1947 de Stichting Autonomiefonds opgericht onder voorzitterschap van Da Costa Gomez. De Stichting Autonomiefonds, of *Fondo di Outonomia* zoals dat in de landstaal Papiamentu werd genoemd, schafte het gebouw aan de Penstraat 24 aan dat de naam kreeg *Cas di Pueblo*. Van daaruit zou zowel materiële als immateriële hulp en steun geboden worden aan jongeren en ouderen via programma's en aktiviteiten die als doel hadden om het niveau van kennis in het algemeen en van de eigen kultuur in het bijzonder, te verhogen. In de statuten van de *Fondo di Outonomia* werd uitdrukkelijk vermeld dat een van de doelen voor de oprichting van het Fonds was om de studiemogelijkheden voor de onvermogende leden van de Curaçaose bevolking te bevorderen. De gehele bevolking moest zich immers voorbereiden om hun eigen autonomie, de eigen verantwoordelijkheid, te dragen! Autonomie betekende een eigen Gouverneur, geen koloniale Gouverneur, een door de lokale kiezers gekozen Parlement zonder door de Gouverneur aangewezen Parlementsleden en een Kabinet van Ministers die door de gekozen Volksvertegenwoordiging gecontroleerd zou worden.

Oprichting nationale volkspartij

Als instrument voor het realiseren van zijn ideaal werd in 1948 de Nationale Volkspartij opgericht. Een politieke partij gestoeld op Christen Democratische principes. Principes zoals sociale rechtvaardigheid, goed rentmeesterschap, subsidiariteit en respekt voor de waardigheid van elk mens, ongeacht kleur, ras, geloofsovertuiging of sociaal ekonomische klasse. Het mag dan ook niemand verwonderen dat Da Costa Gomez al gauw het vertrouwen wist te winnen van vooral de kwetsbare groepen in de gemeenschap. Tijd noch moeite werd bespaard om hen te informeren over het wel en wee van de politiek, het hoe en waarom van projekten die in de Staten van de Nederlandse Antillen werden behandeld en om in het partijhuis *Cas di Pueblo*, Huis van het volk aan de Penstraat 24, jongeren en ouderen uit te nodigen voor debatsessies, lezingen, kursussen en informatieavonden. Vorming stond bij hem heel hoog in het vaandel geschreven. Het ging er immers om dat de bevolking van Curaçao zich moest gaan voorbereiden op haar autonomie. Da Costa Gomez wist een brug te slaan tussen de meer kapitaalkrachtige burgers (de minderheid) en de armere bevolking (de meerderheid).

Zijn visie was dan ook dat degenen die ekonomisch sterker stonden, de morele plicht hadden hem bij te staan in zijn streven de ekonomisch zwakkeren te helpen en te ondersteunen. De oudere wijkleiders wisten te vertellen hoe Da Costa Gomez in de weekeindes de dorpjes en wijken in gezelschap van prominente zakenlieden bezocht. Hij achtte het heel belangrijk dat de zakenlieden van dichtbij konden ervaren hoe de armere families leefden. De armere personen moesten zich niet minderwaardig voelen wanneer zij tegenover een persoon stond die misschien meer materieel goed bezat, maar in de ogen van de Schepper gelijkwaardig was. De oudere wijkleiders benadrukten dat Da Costa Gomez elk mens in zijn waarde liet. Dat was zeer opmerkelijk, zeker in die tijden van scherpe scheiding tussen *the haves and the have-nots* en een tijperk van census- en capaciteitskiesrecht. De politieke demokratisering binnen de Curaçaose gemeenschap kende haar hoogtepunt toen mede gesteund door een handtekeningaktie van de *Damanan di Diarason*, de Dames van de Woensdag, een militante groep vrouwen die elke woensdag in *Cas di Pueblo* vergaderde, het algemeen kiesrecht voor mannen en vrouwen boven de 23 jaar werd ingevoerd.

Autonomie en de ontmanteling van de Antillen

Sedert de invoering van het Statuut van het Koninkrijk in 1954, is de ontmanteling van de Antillen van de Vijf per 10 oktober 2010 de meest ingrijpende wijziging in de verhouding tussen de eilanden onderling en tussen de eilanden en Nederland geweest. In vrijwel elke discussie over wijziging van de staatkundige verhoudingen, wordt de persoon Da Costa Gomez genoemd. In retrospekt zou men zich kunnen afvragen of er voldoende inspanning is verricht om die aanhalingen en verwijzingen naar uitspraken van Da Costa Gomez daadwerkelijk te toetsen aan het vele materiaal dat opgeborgen ligt in de historische archieven van het Koninkrijk, het Land en het Parlement.

In de discussies naar de ontmanteling toe is verwarring ontstaan tussen het begrip 'autonomie' als politieke onafhankelijkheid en 'autonomie' als grotere interne zelfstandigheid. In de literatuur is nergens te constateren dat de invulling van de 'Autonomie van de Antillen' door Da Costa Gomez beschouwd werd als een zich totaal losmaken van Nederland, c.q. een volkenrechtelijke relatie tussen Curaçao en Nederland, ergo tussen Curaçao en de andere eilanden. Gelet dient te worden op het feit dat bij de Ronde Tafelconferentie van 1948, de bedoeling was om de koloniale status van de Nederlandse Antillen (en Suriname) te beëindigen en deze koloniën te maken tot autonome landen met autonomie en zelfbestuur. Deze eilanden zouden echter deel blijven uitmaken van het Koninkrijk der Nederlanden.

Bij de herdenking van 20 jaar sterfdatum van Da Costa Gomez op 22 november 1986, heeft Prof. Dr. W. C. L. van der Grinten, die in 1948 lid was van de Nederlandse delegatie voor de staatkundige hervorming, verklaard dat Da Costa Gomez had gewild dat het secessierecht opgenomen zou worden in het Statuut, zodat de Antillen en Suriname uit het Koninkrijk zouden kunnen treden als ze dat wensten. Dit voorstel heeft echter niet kunnen rekenen op de brede steun tijdens de Ronde Tafelconferentie van 1948.

Het zelfbeschikkingsrecht

In de aanloop naar de staatkundige hervormingen sedert de Ronde Tafelconferenties van 1980 en 1983 kwam het zelfbeschikkingsrecht ter tafel, mede ingegeven door de jarenlange wens van Aruba om een aparte status buiten de Antillen te verkrijgen. Bij de Ronde Tafelconferentie (1983) is besloten dat behalve het Land Nederlandse Antillen, ook elk eilandgebied afzonderlijk aanspraak kon maken op het zelfbeschikkingsrecht en zodoende uit de constellatie van de Antillen treden wanneer het volk dat zou wensen. Dit heeft de discussies weer aangewakkerd wat geleid heeft tot het houden van referenda over het onderwerp. De bevolking heeft uiteindelijk gekozen voor een staatkundige vorm waarbij Curaçao deel blijft uitmaken van het Koninkrijk, hoewel er stemmen opgingen voor een volledige onafhankelijkheid voor het land Curaçao. Da Costa Gomez stelt dat 'niet de theoretisch-juridische verhouding, maar de werkelijke, feitelijke verhoudingen der staatsdelen, versterken en getuigen van de eenheid en weerbaarheid van de staat.'[2]

Da Costa Gomez deelde de visie van zijn tijdgenoot Aimee Cesaire, een Franse politicus, schrijver en dichter afkomstig van Martinique, dat juist door het deelnemen aan het staats- en maatschappelijke leven der grotere culturele eenheid, het eigen leven van onze gemeenschap vernieuwd en tot ontwikkeling gebracht kan worden. Onder deze omstandigheden komt het mij voor dat, hoewel alles er op wijst dat Da Costa Gomez de

---

[2] Radiorede van 13 juli 1938 met als onderwerp 'Curaçao in het Groot Nederlands verband,' opgenomen in het boekje *Opdat wij niet vergeten* van april 1993.

staatkundige veranderingen altijd beschouwd heeft vanuit het perspectief van 6 eilanden als eenheid, er circa 20 jaar na zijn overlijden, ingrijpende veranderingen hebben plaatsgevonden, n.l. de uittreding van Aruba per 1 Januari 1986 en de konsekwenties daarvan voor de overige eilandgebieden van de voormalige Nederlandse Antillen.

Dòktor heeft altijd een vorm van samenwerking tussen de eilanden voorgestaan. Dit heeft hij ook voorgehouden aan de aanhangers van de Nationale Volkspartij, getuige het feit dat reeds in het eerste contributieboekje van partijleden (1948) de doelstelling van de partij onder de 14 punten stond vermeld. In deze context wil ik beklemtonen de punten 'zelfstandigheid van de afzonderlijke eilandgebieden in de behartiging van hun interne belangen' en 'zorg voor de economisch zwakke eilanden.'

Verantwoordelijkheid moet een natie ontwikkelen, dat krijg je niet op een bepaalde kalenderdatum

Het spreekt vanzelf dat tussen 1948 en de ontmanteling van de Antillen in 2010 heel veel is veranderd. Het streven om waar nodig en mogelijk met elkaar samen te werken, naast het streven naar grotere autonomie, past helemaal in het gedachtegoed van Da Costa Gomez. Mijns inziens moet ons land zich juist gaan toeleggen op beantwoorden van de vraag hoe bredere verbanden in het voordeel kunnen werken van de ontwikkeling van land en volk. Wij mogen de hoop uitspreken, dat het toegankelijk maken van de werken van Da Costa Gomez de jongeren kan inspireren om zich in te zetten voor de sociaal- en politieke ontwikkeling van deze jonge natie. Pas dan kunnen wij gaan denken aan het nemen van een eventueel volgende stap op weg naar meer of volledige onafhankelijkheid.

Ik nodig vooral de jonge generatie, en in het bijzonder jonge studenten, uit om de kluisdeuren van de depots waar de werken van Da Costa Gomez keurig zijn opgeborgen open te maken en inspiratie daaruit te putten om de weg naar de verdere ontwikkeling en positie van Curaçao binnen het Koninkrijk en in de wereld te helpen bepalen. In deze moderne wereld van samenwerking en blokvorming, waaraan ook Nederland zich niet kan onttrekken, is het zaak dat wij onze positie zullen weten te bepalen. Dit niet puur op emotionele gronden, doch juist ook op rationele gronden.

De visie van Da Costa Gomez, die altijd actueel blijft, is dat het aan de leiders en in het bijzonder de politieke leiders gelegen is om het volk steeds het gereedschap te geven om de ontwikkeling van eigenwaarde en van ons land ter hand te nemen.

Maria Liberia-Peters
Voormalig premier van de Nederlandse Antillen en voormalig partijleider van de N.V.P./P.N.P. 1984–86 en 1988–93

INLEIDING

Antillianen die bij het overlijden van de politicus Mr. Dr. Moises Frumencio da Costa Gomez (27 oktober 1907 - 22 november 1966) niet volwassen waren, hebben slechts een vaag idee van de betekenis van deze Curaçaoënaar voor de politieke geschiedenis van de Nederlandse Antillen. Sommigen hebben van grootouders en ouders en misschien op school het een en ander gehoord over deze oprichter van de Nationale Volkspartij. Slechts weinigen zijn in staat geweest om door middel van literatuur kennis te nemen van het leven en werk van deze Curaçaoënaar wiens standbeeld het beroemdste, naar hem genoemde, plein in Willemstad siert. Zo de behoefte aan een kennismaking met de ideeën en de activiteiten van *Dòktor* bestaan had, dan was het, zeker op jeugdige leeftijd, onmogelijk geweest deze te bevredigen. Er bestaan geen voor de jeugd toegankelijke publicaties over Da Costa Gomez. Anderzijds bevatten de weinige wetenschappelijke werken die de politieke ontwikkeling van de Antillen in de twintigste eeuw tot onderwerp hebben, alleen fragmentarische gegevens met betrekking tot deze politicus. Het een en ander wijst erop dat weinig systematisch onderzoek is verricht naar deze kennelijk belangrijk geachte persoon in het nog jonge parlementaire en partijpolitieke verleden van de Antillen.

Met dit boek willen wij de belangstelling voor dat recente verleden van de Nederlandse Antillen opwekken. Wij hopen dat de gewekte belangstelling en weetgierigheid uiteindelijk leiden zal tot het ondernemen van studies over het recente politieke verleden van onze eilanden. In dit boek willen wij nagaan welke rol Mr. Dr. M.F. da Costa Gomez gespeeld heeft in het politieke emancipatieproces van de Nederlandse Antillen in de periode van 1946 tot 1951. Met het politieke emancipatieproces bedoelen wij de overgang van de Nederlandse Antillen van de koloniale status, van de situatie van Nederlands bestuurlijk voogdijschap naar die van zelfstandig, parlementair democratisch bestuur ten aanzien van interne aangelegenheden. In dit overgangsproces onderscheiden wij twee componenten: een externe, die betrekking heeft op de staatsrechtelijke relatie tussen Nederland en de Nederlandse Antillen, en een interne, die betrekking heeft op de politieke democratisering tussen de eilanden onderling en in het bijzonder binnen de Curaçaose samenleving.

De politieke emancipatie was dan ook een drieledig proces. Zij betrof ten eerste de gezamenlijke eilanden ten opzichte van Nederland; ten tweede de eilanden Aruba, Bonaire, St. Maarten, St. Eustatius en Saba ten opzichte van het bestuurscentrum Curaçao, en ten derde de volksmassa van het eiland Curaçao die tot 1949 geen politieke rechten bezat. Deze studie richt zich primair op dat deel van bovenstaande veranderingsprocessen dat zich tussen 1946 en 1951 voltrok. In 1946 mondde het autonomiestreven van de Antillen uit in een autonomiepetitie aan de Koningin. In datzelfde jaar kwam ook een autonomiebeweging op gang. Het autonomiestreven werd in 1948 ten dele gehonoreerd; volledige autonomie werd echter in 1951 gerealiseerd. Wij concentreren ons vooral op de periode van uitbouwing van de partiële autonomie tot volledige autonomie.

In de analyse van de rol van Da Costa Gomez in de politieke emancipatie van de Nederlandse Antillen trachten wij in het bijzonder een antwoord te vinden op de volgende vragen:

> Welke voorstelling van de te realiseren autonomie had Da Costa Gomez?
> Hoe heeft hij propaganda gevoerd voor de autonomie?
> Welke organisatievormen heeft hij ontwikkeld in de strijd om autonomie?

Hoe moet Da Costa Gomez' stijl van leidinggeven getypeerd worden?

Hoe hebben Da Costa Gomez en de Nationale Volkspartij bestuurlijk vorm gegeven aan de in 1948 verworven partiële autonomie?

Welke direct invloed heeft Dòktor gehad bij de vaststelling van de Nederlandse wettelijke regelingen waarin de autonomie werd verstrekt?

De aanhangers van Da Costa Gomez hebben hem decennia lang vereerd als de wijze, goedhartige en geleerde pleiter bij uitstek voor Curaçaose en Antilliaanse belangen bij Nederland. Zijn politieke tegenstanders hebben hem afgeschilderd als een aspirant-dictator die met alle middelen bestreden moest worden. Het bestaan van deze uitersten in de waardering van Da Costa Gomez behoort tot de factoren die hem maken tot een zeer belangwekkend historisch figuur. In dit boek zullen wij slechts een voorlopig antwoord formuleren op de vraag naar het aandeel van politieke propaganda en mythen in de beeldvorming over Da Costa Gomez.

Het feit dat er geen studies over Da Costa Gomez bestaan is zeker niet te wijten aan gebrek aan bronnenmateriaal. Zowel in Nederland als op de Nederlandse Antillen zijn vele bronnen met betrekking tot zijn leven en politieke arbeid te vinden. In Nederland biedt de Collectie De Gaay Fortman een grote hoeveelheid bronnen die bezwaarlijk gemist kunnen worden bij de bestudering van deze politicus. Een kleiner aantal bronnen is verder te vinden in de Monqui Maduro Collectie. Deze bronnen zijn echter alle ook in de eerder genoemde Collectie opgenomen. Wij hebben vooral van de Collectie De Gaay Fortman een dankbaar gebruik gemaakt. Daarnaast hebben wij veel gegevens ontleend aan de Notulen der Staten van de Nederlandse Antillen, de Handelingen der Tweede Kamer van de Staten-Generaal en secundaire literatuur. Bijzonder informatief en leerzaam waren de vraaggesprekken die wij hebben gehad met enige personen die Da Costa Gomez hebben gekend. Een woord van dank gaat hierbij uit naar de heren Drs. J.A. Abraham, Luis H. Daal, Prof. Mr. E. Cohen Henriquez en C. Desmer. Het op de Antillen aanwezige bronnenmateriaal is voor deze studie niet geraadpleegd. Het is wenselijk dat materiaal in eventueel vervolgonderzoek te betrekken. Ons inziens zouden de weinig nog in leven zijnde medeoprichters van de Nationale Volkspartij bij die gelegenheid geïnterviewd moeten worden.

Deze studie valt uiteen in drie delen. Deel I is getiteld 'De verwezenlijking van Partiële Autonomie' en omvat twee hoofdstukken. Hoofdstuk 1 behandelt de Staatsregeling van 1948 en Da Costa Gomez' visie op en aandeel in het emancipatieproces tot aan de invoering van partiële autonomie. In Hoofdstuk 2 worden achtereenvolgens de verkiezingscampagne van de Nationale Volkspartij, de leiderschapsstijl van Da Costa Gomez en de uitslagen van de eerste algemene verkiezingen aan de orde gesteld. Deel II heeft tot onderwerp het praktisch functioneren van het Bestuur en de volksvertegenwoordiging in de nieuwe situatie van partiële autonomie. In Hoofdstuk 3 wordt het korte bestaan van het College-Da Costa Gomez behandeld. Hoofdstuk 4 beschouwt het functioneren van de partijencoalitie waartoe de Nationale Volkspartij behoorde nader. Het betreft hier de periode waarin Da Costa Gomez noch van de volksvertegenwoordiging noch van het College van Algemeen Bestuur deel uitmaakte. Deel III behandelt de verwezenlijking van volledige autonomie. Hoofdstuk 5 gaat in op de inhoud van de Interim-regeling waarin de volledige autonomie werd vastgelegd en op het aandeel van Da Costa Gomez en anderen in de totstandkoming van deze regeling. In Hoofdstuk 6 formuleren wij de conclusies die wij op basis van deze studie menen te kunnen trekken. Tevens geven wij enkele terreinen aan waar ons inziens verder onderzoek wenselijk is.

DEEL I

DE VERWEZENLIJKING
VAN PARTIËLE AUTONOMIE

HOOFDSTUK 1

De staatsregeling van 1948

Vanaf de afkondiging van de Wet op de Staatsinrichting van Curaçao (ook genoemd de Staatsregeling Curaçao) van 23 april 1936 tot aan de vaststelling op 21 mei 1948 van de Wet tot Wijziging van de Staatsregeling van Curaçao werd het politieke bestel van de Antillen gekenmerkt door onzelfstandigheid in de behartiging van inwendige aangelegenheden en door een bestuur dat niet verantwoordelijk was aan een op basis van algemeen kiesrecht gekozen volksvertegenwoordiging. De Staten van Curaçao[1] – bestaande uit tien via census- en capaciteitskiesrecht gekozen en vijf benoemde leden – eisten in 1946 in hun streven naar autonomie voor Curaçao een aantal wijzigingen in de Staatsregeling van 1936. De meest urgent geachte wijzigingen, neergelegd in een memorandum aan de Nederlandse regering, waren:[2]

- De instelling van een College van Algemeen Bestuur, bekleed met de uitvoerende macht en verantwoordelijk aan de Staten. De voornaamste taken van de Gouverneur zoals vaststelling van landsverordeningen en het benoemen en ontslaan van landsdienaren moesten aan dit College toegekend worden.

- Vervallenverklaring van de bepaling dat de Gouverneur 's Konings aanwijzigingen moest volgen, 's Konings schorsingsrecht van landsverordeningen, en de conflictenregeling.

- Uitbreiding van het aantal Statenleden tot 21 (Curaçao 8, Aruba 8, Bonaire 2, Bovenwinden 3).

- De verkiezing van alle Statenleden op basis van algemeen mannenkiesrecht; het vrouwenkiesrecht mocht eventueel beperkt worden.

- Toekenning van het enquêterecht en het budgetrecht aan de Staten.

- Instelling van zelfstandig bestuur en volgens algemeen kiesrecht en evenredige vertegenwoordiging gekozen vertegenwoordigingen voor de afzonderlijke eilanden.

- Toekenning aan de Staten van het recht kandidaatleden van het Hof van Justitie voor te dragen.

- Het schrappen van de bepaling dat belastingen de vrije handel met Nederland, Nederlands-Indië of Suriname niet mochten belemmeren of de handel van Curaçao boven deze gebieden bevoorrechten.

- Verandering van de naam 'Curaçao' in 'Nederlandse Antillen'.

Samenvattend kunnen wij stellen dat autonomie in de visie van de Staten het volgende omvatte:[3]

a. zelfstandige regeling van interne aangelegenheden,

b. een aan de op basis van algemeen kiesrecht gekozen volksvertegenwoordiging verantwoordelijk bestuur,

c. bestuur van eilandelijke aangelegenheden door organen van de afzonderlijke eilanden.

Op 26 november 1947 diende de Nederlandse regering een Ontwerp van Wet tot Wijziging van de Staatsregeling van Curaçao bij de Tweede Kamer in, waarmee zij beoogde 'zo volledig als met de Grondwet verenigbaar is de verantwoordelijkheid over te dragen van Nederlandse organen op die van Suriname en de Nederlandse Antillen.'[4] Op 16 en 17 maart 1948 behandelde en aanvaardde de Tweede Kamer het naar aanleiding van adviezen uit Suriname en Curaçao gewijzigd wetsontwerp. Na aanvaarding door de Eerste Kamer werd de Wet tot Wijziging van de Staatsregeling van Curaçao op 21 mei vastgesteld. De belangrijkste wijzigingen in de Staatsregeling waren:[5]

1. Instelling van nieuwe organen ter verwezenlijking van een zo groot mogelijke mate van verantwoordelijk bestuur en zelfstandigheid als de Grondwet toeliet. De Gouverneur behield de uitvoerende macht en kreeg de bevoegdheid de uitoefening daarvan onder zijn verantwoordelijkheid aan een College van Algemeen Bestuur (C.A.B.) over te dragen (Artikel 29 sub 2 en 4, 67a sub 3 en 67e). De Gouverneur bleef aan de Koning verantwoordelijk (Artikel 29 sub 5), maar moest voortaan slechts ten aanzien van onderwerpen waar Nederland, Nederlands-Indië of Suriname in belangrijke mate bij betrokken zijn, 's Konings aanwijzigen in acht nemen (Artikel 29 sub 1 en 3).

2. Wijziging in de samenstelling van de Staten en instelling van algemeen kiesrecht voor mannen en vrouwen vanaf 23 jaar (Artikel 79 sub 1). De Staten zouden 21 in plaats van 15 zetels tellen.

3. De Staten zullen gezamenlijk met de Gouverneur de wetgevende macht uitoefenen ten aanzien van

inwendige aangelegenheden (Artikel 101 sub 2) en krijgen het recht van enquête welk bij landsverordening geregeld diende te worden (Artikel 108).

4. Uitbreiding van de bevoegdheden van de Staten inzake decentralisatie en deconcentratie van het bestuur en wetgeving (Artikel 118).

5. Beperking van de werkingssfeer van de zogeheten conflictenregeling. Uitvaardiging van een Algemene Maatregel van Bestuur door de Gouverneur zou voortaan slechts mogelijk zijn ten aanzien van een regeling die Nederland, Nederlands-Indië of Suriname in belangrijke mate betrof (Artikelen 100 sub 3 en 101 sub 1). Een regeling bij AMvB vastgesteld kon echter te allen tijde bij landsverordening worden gewijzigd of ingetrokken (Artikelen 100 sub 4 en 101 sub 2).

6. Toekenning van de bevoegdheid aan de Staten om de begroting, ook wanneer deze niet sluitend is, zonder interventie van de Nederlandse wetgever, vast te stellen (Artikel 114).

7. De aanstelling van een vertegenwoordiger van Curaçao in Nederland.

Van toekenning van volledige autonomie was geen sprake. Op basis van de Grondwet van 1922 kon dat ook niet.[6] Artikel 62, lid 2 der Grondwet schreef voor dat het algemeen bestuur in Suriname en Curaçao door de Gouverneurs werd uitgeoooefend en liet daarnaast een bij de wet – de soevereiniteit berustte bij de Nederlandse Kroon – te regelen inmenging van de Kroon toe. Terwijl de regering binnen de grenzen van de Grondwet bleef, heeft zij recht gedaan aan Artikel 63 van dezelfde Grondwet welke stelde dat de behartiging van de inwendige aangelegenheden zoveel mogelijk moet worden gelegd in handen van in de gebiedsdelen Suriname of Curaçao gevestigde organen. Aan het verlangen naar 'zelfstandige regeling van interne aangelegenheden' was in zekere tegemoet gekomen. Wetgeving en bestuur bleven echter gedeeltelijk opgedragen aan een niet-Curaçaose orgaan, de Gouverneur. Autonomie in de zin van 'een aan de Staten verantwoordelijk bestuur' werd niet gerealiseerd: noch de Gouverneur, noch het College van Algemeen Bestuur werd verantwoordelijk gemaakt aan de Staten. De wens naar eilandelijke autonomie (decentralisatie van wetgeving en bestuur) werd niet direct gehonoreerd. Wel kregen de Staten meer bevoegdheden bij de wetgeving ten aanzien van bovengenoemde decentralisatie. Om bovenstaande redenen spreken wij van partiële autonomie na mei 1948. De uitbreiding van het aantal Statenzetels en de invoering van algemeen kiesrecht maakten nieuwe verkiezingen voor de Staten noodzakelijk. Deze werden gepland voor 17 maart 1949. In hoofdstuk twee zullen deze verkiezingen besproken worden.

Mr. Dr. M. F. da Costa Gomez en de Curaçaose Roomsch Katholieke Partij

Da Costa Gomez' politieke loopbaan tot 1949

Moises Frumencio da Costa Gomez werd op 27 oktober 1907 op Curaçao geboren. In 1923 vertrok hij naar Nederland waar hij middelbaar en universitair onderwijs volgde. Hij was een briljante rechtenstudent; zijn kandidaatsexamen deed hij na acht maanden studie in plaats van na twee jaar. Aan zijn medestudenten gaf hij regelmatig bijles. Eventuele politieke activiteiten tijdens zijn studie zijn ons niet bekend. In december 1935 promoveerde hij te Amsterdam op het proefschrift getiteld: 'Het wetgevend orgaan van Curaçao, samenstelling en bevoegdheid bezien in het kader van de Nederlandsche koloniale politiek.' Hij betoogde dat het ontwikkelingspeil van de bevolking van het gebiedsdeel Curaçao – de Nederlandse

Antillen – invoering van algemeen kiesrecht toeliet. Het ontbreken van politieke organisaties vond hij geen bezwaar. Doorslaggevend vond hij het door hem zelf aanwezig geachte verlangen naar kiesrecht. Hij toonde zich tevens voorstander van een geheel gekozen volksvertegenwoordiging. Begin januari 1936 keerde Da Costa Gomez naar Curaçao terug en trad in overheidsdienst bij de griffie van het Hof van Justitie. Toen op 23 januari 1936 de Curaçaose Roomsch Katholieke Partij – kortweg genoemd de Katholieke Partij – werd opgericht, behoorde Da Costa Gomez tot de initiatiefnemers en nam hij zitting in het partijbestuur.[7] Het actieprogram van deze door de R.K. Missie van Curaçao beschermde partij, omvatte onder andere het streven naar een volksvertegenwoordiging op basis van een zo uitgebreid mogelijk kiesrecht.[8] Amper een paar weken op Curaçao koos Da Costa Gomez de zijde van de Shell-arbeiders die om loonsverhoging vroegen.[9] Hij raakte betrokken bij een staking van deze arbeiders die van 6 tot 13 februari 1936 duurde. Van de kort daarna opgerichte Bond van Shell-arbeiders werd Da Costa Gomez secretaris. Onder pressie van zijn superieuren in het overheidsapparaat moest hij reeds na een week zijn functie van vakbondssecretaris opgeven. Hij bleef toen aan als juridisch adviseur. Vanwege deze vakbondsactiviteiten werd Da Costa Gomez door Gouverneur Van Slobbe overgeplaatst naar St. Maarten, wat een verbanning betekende. Na de komst van een nieuwe Gouverneur in 1936 keerde Da Costa Gomez op Curaçao terug en hervatte zijn activiteiten in de Katholieke Partij. Deze partij nam naast drie andere partijen op 20 december 1937 deel aan de eerste verkiezingen voor de Staten van de Nederlandse Antillen.[10] Deze verkiezingen waren mogelijk gemaakt door de Staatsregeling 1936 en het Kiesreglement van 17 maart 1937. Van de 6 aan Curaçao toegewezen zetels uit een totaal van 10 voor de Antillen, won de Katholieke Partij er 3. Vijf van de vijftien Statenleden werden door de Gouverneur benoemd. Namens deze partij traden op 5 april

1938 Dr. da Costa Gomez, E. C. Martijn en Mr. A. W. J. H. Desertine toe tot de Staten.

Gouverneur Wouters diende begin juni een ontwerp in tot wijziging van het kiesreglement met het doel het kiezerscorps uit te breiden.[11] Dit ontwerp ontketende een politieke strijd tussen katholieken en niet-katholieken in de Curaçaose elite. De niet-katholieken vreesden dat een uitbreiding van het kiesrecht in hun nadeel zou werken aangezien de overgrote meerderheid van de bevolking katholiek was. Bij de behandeling van het ontwerp trad Da Costa Gomez op als de meest uitgesproken voorvechter voor uitbreiding van het kiesrecht. Dit ontwerp, behelzende uitbreiding van het kiesrecht, paste in Da Costa Gomez' streven naar algemeen kiesrecht. Met acht katholieke- tegen zeven niet-katholieke stemmen werd het ontwerp aangenomen.

In de politiek rustige periode van 1938 tot 1940 was Da Costa Gomez het enige Statenlid dat zijn politieke ideeën in de Staten uiteenzette. Hij bekritiseerde herhaaldelijk de beperkingen van het kiesrecht en van het lokale bestuur. In juni 1941 deelde de Gouverneur de Staten mee dat de Koningin het voornemen had uitgesproken om staatkundige hervormingen in het koninkrijk door te voeren. Dit voornemen werd in een radiorede op 6 december 1942 door Koningin Wilhelmina nader uitgewerkt: de Koningin stelde een Rijksconferentie voor na de oorlog in het vooruitzicht die een nieuwe structuur voor het Rijk en voor de delen zou moeten ontwikkelen.

Inmiddels waren er in november 1941 Statenverkiezingen gehouden waarbij de Katholieke Partij alle zes zetels voor Curaçao won aangezien zij als enige partij aan de verkiezingen meedeed. Da Costa Gomez, die herkozen was, werd in februari 1942 aangewezen als één van de drie afgevaardigden naar de aangekondigde Rijksconferentie. In juni 1942 werd hij vanwege zijn deskundigheid ten aanzien van Antilliaanse aangelegenheden benoemd tot lid van de Buitengewone Raad van Advies te Londen. Deze Raad had tot taak de Nederlandse regering in ballingschap te adviseren ten aanzien van ontwerpbesluiten waarin algemeen bindende regelingen voor Nederland en de overzeese gebiedsdelen werden vastgesteld. Statenvoorzitter J. H. Sprockel noemde Da Costa Gomez' vertrek zeer terecht 'de eerste daad van medezeggenschap van dit Staatsdeel.'[12] Da Costa Gomez behield gedurende zijn verblijf in Londen van juni 1942 tot september 1944 het Statenlidmaatschap. Wij hebben helaas geen hand weten te leggen op materiaal dat gegevens bevat over het functioneren van Da Costa Gomez in Londen. Na zijn terugkeer op Curaçao voerde hij verkiezingscampagne voor de Katholieke Partij. Hij behoorde met zijn partijgenoot J. H. Sprockel en de protestantse leider A. G. Statius Muller tot de weinige politici die naast de interne problemen van het eiland ook de verlangens van Curaçao ten aanzien van politieke hervormingen in toespraken en geschriften aan de orde stelden.

Na het verkiezingssucces van de eind 1944 opgerichte Democratische Partij in november 1945, behield de Katholieke Partij slechts twee zetels in de Staten, waarvan één bezet werd door Da Costa Gomez. In zijn hoedanigheid van voorzitter van de eerste Vaste Commissie der Staten – de commissie voor Politieke en Staatsrechtelijke Zaken – nam hij in april 1946 het initiatief tot een autonomiepetitie van de Staten aan de Nederlandse regering. Hij trad op als voorzitter van de Statendelegatie die deze petitie in juni 1946 aan de regering overhandigde.[13] Als vertegenwoordiger van Curaçao in Nederland sinds april 1947 was Dr. da Costa Gomez nauw betrokken bij de formulering van het advies van de Staten op het ontwerp van wet tot wijziging van de Staatsregeling. Ofschoon hij verklaarde 'verre van voldaan' te zijn met de wijzigingsvoorstellen van de regering trad hij tijdens de openbare behandeling van het advies in de Staten op als de voornaamste verdediger van deze voorstellen.[14] Da Costa Gomez stond eveneens aan de leiding van de Statendelegatie naar de Ronde Tafel Conferentie (RTC) van begin 1948 welke zich ten doel had gesteld:

> om in vrij overleg een nieuwe rechtsorde voor te bereiden in het bijzonder voor wat de verhouding tussen Suriname, Curaçao en Nederland betreft, als deel van de staatkundige herbouw van het gehele Koninkrijk.[15]

Terwijl het wetsontwerp tot wijziging van de Staatsregeling de interne bestuurlijke inrichting van de Antillen betrof, had de RTC tot onderwerp de staatsrechtelijke structuur tussen drie (Nederland, Suriname en de Nederlandse Antillen) van de vier delen van het Koninkrijk. Over de wijziging van de Staatsregeling werd op de RTC niet gesproken. Samen met het Statenlid W.R. Plantz nam Da Costa Gomez namens de Antillen zitting in de tijdens deze conferentie ingestelde Redactiecommissie voor een Rijksgrondwet.

VERWIJDERING EN BREUK TUSSEN DR. DA COSTA GOMEZ EN DE C.R. KATHOLIEKE PARTIJ

Van meningsverschillen tussen Dr. da Costa Gomez en de Katholieke Partij wordt pas na 1945 melding gemaakt.[16] Bij de Statenverkiezingen van 5 november 1945 behaalde de in 1944 opgerichte Democratische Partij – voorstander van onmiddellijke toekenning van volledige autonomie – drie zetels terwijl de Katholieken op slechts twee zetels beslag wisten te leggen.[17] De Katholieke Partij verloor hiermee de allereerste krachtmeting met een op wijziging in de staatsrechtelijke status quo gerichte partij. Dit verlies toonde aan dat godsdienstige overtuiging niet van doorslaggevende invloed was op het kiezersgedrag. Naast de nederlaag van de Katholieke Partij stond de persoonlijke overwinning van Dr. da Costa Gomez, aangezien de meeste op de Katholieken uitgebrachte stemmen hem ten deel vielen. Het standpunt van de Katholieke Partij ten aanzien van kiesrechtuitbreiding was in deze periode niet voor iedereen duidelijk en is eveneens moeilijk in de literatuur te achterhalen. Uit de schaarse mededelingen hieromtrent ontstaat het volgende beeld. De Democratische Partij (D.P.) maakte in haar blad de *Democraat* van 22 juni 1945 bekend dat zij aan het gouvernement gevraagd had:

> [O]m ongeveer 600 meer namen van kiezers op de lijst (kiezerslijst, rdb) te plaatsen zodat die ook kunnen stemmen in november bij de Statenverkiezingen.

Tevens meldde de D.P. dat:

> Mr. L. A. L. Weeber, een van de steunpilaren van de Roomsche partij, een protest heeft laten hooren bij de rechter tegen het wettelijk volkomen gerechtvaardigde verzoek van de Democratische Partij.[18]

De D.P. zag in deze actie van de secretaris van de C.R.K.P. het bewijs dat de Katholieken tegen uitbreiding van het kiesrecht waren. Geen enkele auteur doet melding van een openlijk meningsverschil tussen Dr. da Costa Gomez en de Katholieke Partij met betrekking tot het kiesrechtvraagstuk. Aangenomen kan echter worden dat Dr. da Costa Gomez die al jaren pleitte voor algemeen kiesrecht, bezwaren had tegen de aan de clerus toegeschreven opvatting dat de massa niet rijp was om deel te nemen aan het bestuur. Zo wist het weekblad 'Curaçao' dat uitgegeven werd door protestantse Nederlanders op 2 augustus 1945 te melden dat Pastoor Möhlman in een artikel gesteld had dat de 'grote massa niet, neen, absoluut niet, mag stemmen.'[19] Een zegsman heeft mij verzekerd dat Dr. da Costa Gomez zich gekant had tegen het protest van de heer Weeber.[20]

De met de Democratische Partij sympathiserende Stichting Algemene Politieke Voorlichting bracht in de herfst van 1958 een pamflet uit waarin zij stelde:

> Ook Dr. da Costa Gomez zag in dat een op godsdienst gebaseerde politieke partij – zoals de Katholieke Partij – op den duur het grote publiek niet voor zich zou kunnen behouden.[21]

Het pamflet stelde verder dat Dr. da Costa Gomez zich na de verkiezingen van 1945 ging voorbereiden om de Katholieke Partij te verlaten. De verwijdering tussen de Katholieke Partij en Dr. da Costa Gomez schijnt echter van vóór 1945 te dateren.

Het blad van het Volkscomité, *Nos Lucha*, schreef op 15 maart 1948, kort voor de oprichting van de Nationale Volkspartij, dat:

> De innerlijke verdeeldheid van de katholieke partij begon meer dan twee jaren voor de verkiezing [van 1945] . . . de partij verslapte door het gemis aan oppositie [na 1941]. Dr. da Costa Gomez heeft een jaar voor de verkiezingen in 1945 het partijbestuur gewezen op de gevaren van een slappe politieke houding. Dr. da Costa Gomez is zelfs als leider van de fractie afgetreden, omdat hij het niet met de houding van de fractie eens was. Op verzoek van het hoofdbestuur en van de fractie is de breuk niet bekend gemaakt.[22]

Nos Lucha deelde tevens mee, dat het hoofdbestuur van de Katholieke Partij een door Da Costa Gomez in 1944 ontworpen nieuw partijprogramma behandeld en daarna 'weggemoffeld' had. *Amigoe* di Curaçao, een dagblad dat financieel en redactioneel beheerst werd door de R.K. Kerk, verweet Dr. da Costa Gomez dat hij als gevolg van de overwinning van de D.P., progressiviteit 'zonder matiging' verkoos boven progressiviteit 'met matiging.' Verder schreef *Amigoe* dat de Katholieke Partij in 1945 een voorstel van Da Costa Gomez om het adjectief 'katholiek' te verwijderen, had afgestemd.[23] Deze krantenartikelen wijzen erop dat – zoals Kasteel ook concludeert – de Katholieke Partij ondanks de verwijdering met Dr. da Costa Gomez, steeds nagelaten heeft deze verwijdering in het openbaar te brengen daar zij vreesde voor verlies van kiezers.[24] Of deze vrees terecht was zal blijken uit de behandeling van de uitslag van de verkiezingen van 1949 in hoofdstuk twee.

In 1946 werd de scheiding tussen Dr. da Costa Gomez en de Katholieke Partij duidelijker zichtbaar. De Staten besloten in april 1946 uit hun midden een delegatie naar Nederland te sturen met een autonomiepetitie. Al voor het vertrek van de delegatie op 9 juni distantieerde de voorzitter van het hoofdbestuur van de K.P. zich van een manifest van de bevolking van Curaçao waarin adhesie betuigd werd met het streven en de ideeën van de door Dr. da Costa Gomez geleide Autonomiecommissie. Na het vertrek der commissie bleek allerduidelijkst dat het hoofdbestuur helemaal niet achter het streven en de actie van Da Costa Gomez stond. De Katholieke Partij verklaarde zich als enige politieke partij van de Antillen tegen de autonomiepetitie. In een telegram d.d. 13 juni 1946 aan Prof. Romme, fractievoorzitter van de K.V.P. in de Tweede Kamer, stelde het hoofdbestuur dat:

> Hoewel Katholieke Partij vanzelfsprekend voor autonomie achten wij door Staten thans voor onmiddellijke invoering beoogde fundamentele wijzigingen overijld, niet opportuun, tegen Katholiek belang en vooruitlopend beslissingen Rijksconferentie. Bovenstaande door ons voor openbare behandeling [in de Staten] aan D. C. Gomez leider Statencommissie medegedeeld.[25]

En deelde het verder mee dat het memorandum niet gepubliceerd was en:

> dus niet zijn kan een weerspiegeling van de volkswil, daar het volk zich er niet over heeft kunnen uitspreken.

> Het hoofdbestuur protesteert tegen het feit, dat het volk door middel van een geheim memorandum, wensen in de mond gelegd worden, waarvan het geen kennis heeft kunnen nemen.[26]

Kasteel deelt ons over de nasleep van deze zet van het hoofdbestuur mee dat de partijraad in juli een motie van wantrouwen tegen het hoofdbestuur met 480 tegen 398 stemmen aannam.[27] Een nieuw gekozen bestuur, onder voorzitterschap van Ernesto Rozendaal, schaarde zich achter de Statencommissie en achter Dr. da Costa Gomez. Na de terugkeer van de Statendelegatie op Curaçao trad Da Costa Gomez veelvuldig op tijdens bijeenkomsten waar hij verhaalde van de goede ontvangst die de Koningin hen in Nederland gaf en opriep tot verenigde strijd voor autonomie.[28] Da Costa Gomez' campagne was er niet op gericht steun te verwerven voor de Katholieke Partij waar hij nog steeds Statenlid voor was.[29] Zijn persoonlijke populariteit nam steeds meer toe; desondanks kwam het niet tot een openlijke breuk met de Katholieke Partij. Deze partij schijnt aan het eind van 1946 een interne reorganisatie te hebben doorgevoerd. Op 17 januari 1947 verscheen het eerste nummer van een nieuw partijorgaan geheten 'De Nieuwe Tijd' waarin het hoofdbestuur voor het eerst een staatsrechtelijk en politiek programma leek te gaan ontwikkelen. Dit blad deed geen mededeling van een conflict met Dr. da Costa Gomez; zijn naam en foto ontbraken echter in het eerste nummer bij de opsomming van de vooraanstaande partijleden. Dit laatste hield verband met het ontstaan van het Volkscomité waarover in de volgende paragraaf meer verteld zal worden.

Het Volkscomité: voorloper van de Nationale Volkspartij

Naar aanleiding van het bezoek van de Curaçaose Statendelegatie aan Nederland werd er in december 1946 op initiatief van alle Nederlandse politieke partijen een

Parlementaire Commissie naar West-Indië gezonden om gegevens te verzamelen inzake de politieke ontwikkeling. Deze commissie, onder voorzitterschap van het Eerste Kamerlid Mr. Kropman, verbleef van 25 januari tot 13 februari 1947 op Curaçao. De aankomst van de commissie op Curaçao was de aanleiding voor het eerste openbaar optreden van het kort daarvoor opgerichte Volkscomité, *Comishon di Pueblo*. Het Volkscomité ontving de Parlementaire Commissie met gezang op de luchthaven en deelde haar mee dat een van zijn voornaamste verlangens de invoering aan algemeen kiesrecht was. De voormannen van het Volkscomité meenden tot de oprichting te moeten overgaan:

> op een moment van crisis in de politieke geschiedenis van Curaçao, toen de politieke partijen niet tot een gedragslijn konden komen bij gelegenheid van het bezoek van de parlementaire commissie aan Curaçao.[30]

Het Volkscomité stelde zich tot taak:

> de wenschen van de bevolking van Curaçao in het openbaar naar voren te brengen, indien de politieke partijen uit een of ander oogpunt onmachtig zijn deze in de Staten zuiver (dit is: ontdaan van partijoogmerken) bekend te maken.[31]

De oprichters van het Volkscomité waren leden van de Katholieke Partij die bezwaar hadden tegen de grote, behoudzuchtige invloed van de R.K. Kerk op het politieke leven en die – in tegenstelling tot de kerk- en partijleiding – voorstanders waren van een snelle politieke ontvoogding van de Nederlandse Antillen (autonomie) en van mobilisatie van het Curaçaose volk voor dat doel. De meest conservatieve krachten binnen de Curaçaose samenleving zaten in de R.K.

Kerk en in het koloniaal Bestuur (Gouverneur en de door hem benoemde adviesraad met de naam Raad van Bestuur).

Als voorzitter van het Volkscomité trad de heer C. W. F. Davelaar op, de redacteur van het sinds december 1946 verschijnend tweewekelijks blad *Nos Lucha* van de afdeling Pietermaai van de Katholieke Partij. Tot de oprichters van het comité behoorden onder andere E. Newton, Dr. da Costa Gomez, H. Pieters Kwiers en Ernesto Rozendaal. De oprichting van een actiegroep als het Volkscomité binnen de Katholieke Partij geeft verdere uiting aan de verwijdering binnen de partij tussen enerzijds hen die voor snelle invoering van autonomie waren en religieuze overtuiging niet als een relevante politiek scheidingslijn zagen en anderzijds politici die de Ronde Tafel Conferentie wensten af te wachten en die meer waarde hechtten aan het behoud van de invloed van de Katholieke Kerk in de politiek. Met betrekking tot de autonomie had het Volkscomité de volgende verlangens:[32]

- handhaving van de soevereiniteit van het Huis van Oranje, ook na erkenning van de gelijkwaardigheid van de rijksdelen,

- vertegenwoordiging van de overzeese gebieden in alle organen van het nieuwe koninkrijk op een wijze die recht deed aan hun zelfstandigheid,

- Curaçao zal als autonoom, gelijkberechtigd deel van het Koninkrijk zijn eigen grondwet moeten vaststellen waarin zelfstandig bestuur en wetgeving geregeld zullen worden,

- elk eiland zou de vrijheid moeten hebben zich uit te spreken voor zelfstandigheid tegenover de andere eilanden.

Ofschoon Dr. da Costa Gomez niet formeel naar voren trad als voorman van het Volkscomité, was hij wel de politieke leidsman waaromheen de ontevreden leden van de Katholieke Partij zich groepeerden. Het is beslist geen toeval dat het Volkscomité voortkwam uit de afdeling Pietermaai van de partij waarvan Da Costa Gomez het meest gezaghebbend lid was. Bij gouvernementsbeschikking van 26 maart 1947 werd Dr. da Costa Gomez benoemd tot vertegenwoordiger van Curaçao bij het Ministerie van Overzeesche Gebiedsdelen in Den Haag. De benoeming van een vertegenwoordiger vloeide voort uit de al in najaar 1946 geuite wens van de Staten om, met het oog op een snelle realisatie van de autonomie, te komen tot een directere verbinding tussen voornoemd ministerie en de Staten. Op 2 april, zo'n drie maanden na de oprichting van het Volkscomité, vertrok Dr. da Costa Gomez naar zijn nieuwe post in Nederland; hij bleef echter lid van de Staten van Curaçao. In deze vertegenwoordigingskwestie stelde het Volkscomité zich duidelijk tegenover de *Amigoe* di Curaçao, de spreekbuis van de Katholieke Kerk en –Partij, die haar teleurstelling uitsprak over het feit dat Da Costa Gomez een niet exact omschreven functie had aanvaard. Het Volkscomité stelde zich op het standpunt dat Dr. da Costa Gomez er goed aan gedaan had naar Nederland te gaan alvorens de definitieve regeling van zijn positie af te wachten. Het Comité redeneerde dat het belang van Curaçao, namelijk een snelle invoering van de wijzigingen neergelegd in het memorandum van de Staten, prevaleren moest boven de omschrijving van de functie van de Vertegenwoordiger.[33]

De tweede actie van het Volkscomité was het organiseren van een serie politieke bijeenkomsten waarbij de bevolking opgeroepen werd om vertrouwen te hebben in de denkbeelden en het werk van Dr. da Costa Gomez, en zich niet in de war te laten brengen door uitspraken van katholieke politici als die afweken van de ideeën van Da Costa Gomez. Op 24 juni 1947 hield het Volkscomité een openbare vergadering waarvoor ook niet-leden van de Katholieke Partij werden opgeroepen. Het comité presenteerde zich als een algemene organisatie voor alle politieke richtingen. Als spreker trad toen ook Dr. da Costa

Gomez op die samen met twee ambtenaren van het Ministerie van Overzeesche Gebiedsdelen naar Curaçao gereisd was om aan de Staten toelichting te geven op het ontwerp van wet tot wijziging van de Staatsregeling. Dit ontwerp was op 19 juni aan de Staten gezonden voor advies. Het Volkscomité poseerde hier als de meerderheid van de bevolking en stelde bij monde van de voorzitter, de heer C. W. F. Davelaar, dat werken tegen het Volkscomité gelijk stond aan werken tegen het volk en de belangen van Curaçao.[34]

De heer Sambo, de vicevoorzitter, zei dat er niemand was die zoveel werk op politiek gebied in het belang van Curaçao verzette als Dr. da Costa Gomez en wees zijn toehoorders op hun morele plicht zich achter hun *Celebre e Inspirado Compatriota* (Vermaard en Geïnspireerd Landgenoot) te scharen. Da Costa Gomez gaf in zijn rede te kennen dat hij ervan overtuigd was dat niets de nakoming van de Nederlandse belofte van autonomie in de weg stond, behalve Curaçaoënaars zelf. Dit was een vingerwijzing naar de Katholieke Partij en de Raad van Bestuur. Op zijn initiatief besloot de vergadering tot het zenden van een telegram aan de voorzitter der Tweede Kamer waarin verzocht werd het recht van de Gouverneur om Statenleden te benoemen uit het wetsontwerp te lichten.

De volgende politieke kwestie waarin het Volkscomité zich manifesteerde, betrof de samenstelling van de Statendelegatie naar een begin 1948 te houden Ronde Tafel Conferentie (RTC). Het onderwerp van de RTC hebben wij op pagina 13 aangegeven. De aankondiging van de RTC in augustus werd met gemengde gevoelens ontvangen omdat zaken als de wijziging van de Staatsregeling en de decentralisatie alle aandacht van de Statenleden trokken. Daar kwam nog bij dat de Staten nauwelijks meer vergaderden. Een groot aantal wisselingen en absenties van Statenleden was er de oorzaak van dat vergaderingen vaak bij ontbreken van het quorum werden afgelast. Dr. da Costa Gomez gaf vanuit Nederland blijk van zijn enthousiasme over het voornemen van de regering. Op Curaçao was het anders.

Zo weigerde de Democratische Partij mee te doen aan de RTC en vestigde haar hoop op realisatie van zelfbestuur door tussenkomst van de Pan Amerikaanse Conferentie die spoedig te Bogotá gehouden zou worden.[35]

Hierdoor moest de opening van de RTC verschoven worden naar begin 1948. De Staten konden na talloze geheime commissievergaderingen geen overeenstemming bereiken over een aan de richtlijnen van de minister tegemoetkomende voordracht van leden voor de RTC-delegatie.[36] Het Volkscomité zond op 14 november 1947 een verzoekschrift aan de Staten waarin het onder andere stelde:

> diep geschokt [te zijn] in het vertrouwen in Uw College door Uw houding en handelwijze bij het doen van de voordracht voor de Ronde Tafel Conferentie' en 'Protesteert heftig tegen Uw 'sabotage' van de goede voornemens van de Nederlandse Regering' en 'Eist onmiddellijke actie van de zijde Uw College, met name: onmiddellijke vaststelling, bekendmaking en verzending van de voordracht voor de Ronde Tafel Conferentie.[37]

Nos Lucha van 1 december maakt melding van een vergadering van het Volkscomité te Barber op 30 november alwaar Dr. da Costa Gomez – ruim een week eerder op Curaçao gearriveerd – een grote ontvangst ten deel viel. Davelaar memoreerde bij die gelegenheid het 'onverantwoordelijk' gedrag der Staten en deelde op basis van informatie die hij van Da Costa Gomez ontvangen had mee dat de Staten inmiddels een delegatie hadden samengesteld. Hij riep het Volkscomité op deze Statendelegatie te ondersteunen. Eén dag na het verschijnen van *Nos Lucha* maakten de Staten in een openbare vergadering bekend dat zij in een geheim commissievergadering van 27 november van Da Costa Gomez een belangrijke toelichting gekregen hadden op de wensen van de Minister.[38] Hierna besloten zij een delegatie aan te wijzen met als basis de Autonomiecommissie van 1946, aangevuld met een vertegenwoordiger van de Nederlandse bevolkingsgroep en één van de Joodse ingezetenen.[39] De benoeming van de op deze wijze aangewezen delegatieleden zouden de Staten aan de Nederlandse regering overlaten.

De democratische Partij liet haar aanvankelijk verzet tegen de RTC varen nadat aan haar voorwaarden voldaan was. Deze waren:[40]

a. benoeming van de delegatieleden door de Antillen,

b. het formuleren van een definitieve opdracht voor de delegatie en

c. onherroepelijke instructies aan de delegatie om onmiddellijk terug te keren naar Curaçao als de Nederlandse regering niet terstond de facto de gelijkstandigheid van Curaçao en Nederland op de Conferentie erkent.

In de Statenvergadering van 2 december 1947 schilderde de D.P.[41] de bereikte overeenstemming in de Staten af als een zwichten van de andere leden voor haar eisen. Zij wilde niets weten van de invloed die was uitgegaan van Dr. da Costa Gomez die tweemaal naar de Antillen was gegaan om het belang van de RTC te onderstrepen en het standpunt van de minister toe te lichten. Henny Eman, de vertolker van de Arubaanse afscheidingsgedachte, besloot ook naar de RTC te gaan toen de Staten het recht en de bevoegdheid van Aruba om zich onmiddellijk en totaal af te scheiden van Curaçao erkende en dit in de opdracht van de delegatie opnam.

De diverse politieke groepen probeerden reeds voor het vertrek van de delegatie hun voordeel te halen uit de RTC. De D.P. prees haar eigen rol in de Staten in een strooibiljet van 2 december.[42] De beslissingen van de Staten ten aanzien van de delegatie werden geëtaleerd als een triomf van de D.P. Zij dreigde met het stellen van haar vertrouwen in de Pan

Amerikaanse Conferentie mocht Curaçao staande de RTC geen toezegging krijgen voor een zelfstandig en verantwoordelijk bestuur. De *Amigoe* schreef op 27 december dat de delegatie niet representatief was (te weinig Katholieken) en dat de opdracht de delegatie vleugellam maakte.[43] In een extra bulletin hekelde het Volkscomité de D.P. die, zo meende het Volkscomité, ongelijk had moeten erkennen. Verder keurde het Volkscomité in *Nos Lucha* van 15 december de bindende Statenopdracht af:

> Te veel staat er op het spel, dat wij door premature eischen (erkenning gelijkwaardigheid van Curaçao en erkenning afscheidingsrecht van Aruba) te stellen, de [drukfout] risico kunnen aanvaarden, dat de Ronde Tafel conferentie zelf in het gedrang komt. . . . De stokpaardjes van de verschillende partijen zijn gevaarlijk, want zij zouden eens het paard van Troje kunnen gaan lijken. De bevolking van Curaçao wenscht waarborgen voor een goede ordening in het nieuwe staatsverband, voor het recht en voor de ontwikkeling van Curaçao, maar geen ultimatum dat ons belachelijk maakt.[44]

Dr. da Costa Gomez, zich eerder vertegenwoordiger van de bevolking dan van de Katholieke Partij voelend, sprak op zowel de vergadering van de D.P. van 8 december als op die van het Volkscomité van 14 december enkel verzoenende en optimistische woorden over de aanstaande RTC.

In de eerste openbare bijeenkomst na de opening van de RTC op 16 februari stelde D.P.-er Mr. Van der Meer, mede namens E. Jonckheer, C. A. Eman en J. E. Irausquin, dat zij geen deel zouden nemen aan de conferentie voordat de in de Statenopdracht gevraagde daden verricht waren (zie punt c van de D.P. -voorwaarden, pag 21), waarop zij de vergadering verlieten.[45] Uiteindelijk nam de conferentie in haar laatste openbare zitting op 18 maart op voorstel van de toch achtergebleven C. A. Eman een motie aan die vroeg om een onderzoekscommissie naar de wenselijkheid en de invulling van een zelfstandige status voor Aruba. Een aan de volksvertegenwoordiging verantwoordelijk bestuur voor het gebiedsdeel moest evenwel wachten op de Grondwetherziening. Het Volkscomité was verbolgen over het weglopen van D.P.-leden Van der Meer en Jonckheer en de Arubaan Irausquin van de RTC en hield op 22 februari een protestbijeenkomst in het Autonomiehuis.[46] Ruim drie weken later zond het Comité een telegram aan de Koningin waarin het zijn veroordeling uitsprak van de D.P.-telegrammen van 3 maart aan de Pan Amerikaanse Conferentie en de Verenigde Naties waarbij zij hun steun inriep ter bevrijding van de Antillen van het koloniale juk. Zowel op Curaçao als in Nederland werd laatstgenoemde D.P.-actie sterk afgekeurd.[47]

In *Nos Lucha* van 1 maart schreef het Volkscomité dat het er sterk op leek dat Mr. Van der Meer niet van plan was de wijziging van de Staatsregeling te bespoedigen maar slechts erop uit was te voorkomen dat de organisator van de conferentie, Dr. da Costa Gomez, de eer kreeg voor het zware en harde werk dat hij verricht had.[48] Het Volkscomité prees zichzelf terloops door te stellen dat ware het niet vanwege de pressie van het Volkscomité op de Staten, de D.P.-leden überhaupt niet zouden hebben besloten naar de RTC te gaan. Naar het oordeel van het Volkscomité was de enige reden voor de D.P.-obstructie op Curaçao en in Nederland afgunst jegens *Dòktor* – Dr. da Costa Gomez werd door voor- en tegenstanders in de Antillen *Dòktor* genoemd – en onverschilligheid jegens het Curaçaose volk. Op 29 maart 1948 kondigde het Volkscomité op initiatief van Da Costa Gomez, die op dat moment zelf in Nederland was, aan te zullen voldoen aan de wens:

> van de massa die bij verschillende gelegenheden de wil heeft te kennen gegeven dat het Volkscomité een nieuwe Politieke Partij opricht onder de naam Nationale Volkspartij.[49]

Het bestuur van het Volkscomité zou op 5 april 1948 een voorlopig bestuur voor de Nationale Volkspartij voorstellen aan de vergadering van sympathisanten. Na de eerste vergadering van 5 april zou de inschrijving voor het lidmaatschap opengesteld worden.

De oprichting van de Nationale Volkspartij

Op 5 april 1948 vond de aangekondigde oprichting door het Volkscomité van de Nationale Volkspartij (N.V.P.) plaats. Dr. da Costa Gomez had al in februari de redenen voor de oprichting aangegeven.[50] Hij vond dat de bestaande partijen geen actie schenen te kunnen voeren ten behoeve van het algemeen welzijn van Curaçao. De Democratische Partij was, aldus Da Costa Gomez, belemmerd door een anti-Nederlandse gezindheid terwijl de Katholieke Partij door innerlijke verdeeldheid niet in staat was een positieve politiek te voeren. De nieuwe partij hechtte grote waarde aan de publieke opinie – aldus C. W. F. Davelaar, voorzitter van het Volkscomité – en wilde door vorm te geven aan de openbare opinie de belangstelling en instemming wekken die zij noodzakelijk achtte voor het bereiken van eenheid onder de bevolking.[51] Het nationalisme van de Nationale Volkspartij omschreef Davelaar als de bereidheid tot elk persoonlijk offer ten bate van het vaderland, de liefde voor de eigen cultuur en het besef de politieke leiding over eigen land ter hand te moeten nemen. Vóór de presentatie van de conceptstatuten werd een voorlopig algemeen bestuur, bestaande uit 24 leden, aan het publiek voorgesteld.[52] Het dagelijks bestuur bleek te bestaan uit Dr. da Costa Gomez (voorzitter), E. Newton, H. Pieters Kwiers, C. W. F. Davelaar, J. Eleonora, A. Visceiza, E. Broos, W. R. Plantz en A. R. Celestina. Een concentratie van de oprichters van N.V.P. in Pietermaai, een wijk in Willemstad, was duidelijk waar te nemen. Van de leden van het algemeen bestuur was een derde deel afkomstig uit Pietermaai; van de negen leden van het dagelijks bestuur kwamen er zeven uit Pietermaai.

In de op 19 april definitief vastgestelde Statuten van de partij werden de volgende doelstellingen geformuleerd:[53]

a. verwezenlijking van autonomie van de Nederlandse Antillen binnen het Koninkrijk,

b. zelfstandigheid van de afzonderlijke eilanden,

c. democratische inrichting van het bestuur en eerbiediging van de rechten van de mens,

d. gelijke bescherming van alle godsdiensten en financiële gelijkstelling van openbaar en bijzonder onderwijs handhaven,

e. bevordering van gelijke sociale en economische ontplooiingskansen voor alle burgers,

f. uitbreiding van de bestaansbronnen en zorg voor de economisch zwakkere eilanden.

HOOFDSTUK 2

De eerste algemene verkiezingen
17 maart 1949

Het verkiezingsprogramma van de Nationale Volkspartij

In deze paragraaf richten wij ons alleen op het verkiezingsprogramma van de Nationale Volkspartij (N.V.P.) aangezien deze partij ons vertrekpunt is bij de bespreking van de eerste algemene verkiezingen. De programma's van de andere partijen staan verder geheel los van de door de N.V.P. geformuleerde doeleinden voor de verkiezingen van 1949. Bij de behandeling van de verkiezingsthema's en van de N.V.P.-campagne zullen die andere partijen wat meer aandacht krijgen. In beide paragrafen zal trouwens duidelijk naar voren komen hoe zwak de relatie was tussen partijprogramma's en de feitelijk gevoerde verkiezingscampagne.

Begin januari 1949 ontvouwde Dr. da Costa Gomez een program van 'vier grote onderwerpen' die de N.V.P. ter hand wilde nemen indien zij de maartverkiezingen zou winnen. Deze vier strategische doelen werden gedurende januari en de eerste helft van februari besproken en toegelicht op wekelijkse partijbijeenkomsten, in *Nos Lucha* en in *Beurs en Nieuwsberichten*.[54] De bespreking geschiedde zowel in het Papiamentu als in het Nederlands. Dit program gaf op elk der gebieden politiek, economie, cultuur en sociaal leven een algemeen strategisch doel aan:[55]

- bevordering van de politieke reconstructie van de Nederlandse Antillen in het Koninkrijk, evenals de interne reorganisatie van de Antillen;

- schepping en uitvoering van een algemeen welvaartsplan voor de Nederlandse Antillen omvattende spreiding van kapitaal en welvaart en verbreding van de economische basis;

- schepping van een nieuwe sociale ordening, omvattende de sociale verzekering van de gehele bevolking, evenals krachtige steun aan zelfstandige arbeiders- en werkgeversorganisaties, en maatregelen ter voorziening in de meest klemmende sociale noden als huisvesting, hygiëne en elektrische verlichting;

- culturele verheffing en cultuurspreiding, omvattende vernieuwing van het onderwijs, bevordering van vorming buiten schoolverband, algemene voorlichting, steun aan de pers op het gebied van de documentatie en reorganisatie van de radio-omroep gericht op kwaliteitsverhoging.

Dit actieprogram, waarvan in *Nos Lucha* zowel een Papiamentu- als een Nederlandstalige versie op 19 februari verscheen, gaf een nadere uitwerking van de vier algemene beleidsdoelen van de N.V.P. Diverse punten uit dit actieprogram werden op partijbijeenkomsten en in de bladen *Nos Lucha, Beurs- en Nieuwsberichten* en in het nieuwe N.V.P.-blad *Pueblo* behandeld.[56] De bespreking van de 29 programpunten stond echter noch op de openbare bijeenkomsten noch in de partij- of andere pers centraal. De grootste aandacht ging in de verkiezingscampagne naar andere thema's. Deze thema's zullen wij in de volgende paragraaf aan de orde stellen. Nu keren wij terug naar het Program van Actie. Eén dag voor de verkiezingen lichtte Dr. da Costa Gomez met een artikel in *Beurs- en Nieuwsberichten* van 16 maart het economisch deel van het Program van Actie nog toe. Uitgaande van een dreiging van loonsverlagingen en werkloosheid tengevolge van de naoorlogse stijging van het prijspeil, schreef hij dat:

> Het Curaçaos kapitaal moet . . . behoed worden tegen de verleiding om zich samen met gedeeltelijk buitenlands kapitaal te begeven in ondernemingen die eventueel niet staande kunnen blijven.[57]

Dit wilde hij bereiken door nieuw buitenlands kapitaal tijdelijk te weren. Daarnaast oordeelde Da Costa Gomez dat de overheid de koopkracht moest stimuleren voor zover de landsfinanciën dat toelieten. De doeleinden van het economisch beleid van de N.V.P. moesten zijn, aldus Da Costa Gomez, het beletten van het ontstaan van communisme in de Nederlandse Antillen en het beëindigen van het radicalisme dat door de D.P. bevorderd werd.

De politieke thema's van de verkiezingscampagne

In een verkiezingscampagne treden over het algemeen enkele kwesties op de voorgrond doordat politieke partijen en/of de pers om de een of andere reden daar veel aandacht aan besteden. Welke thema's tot strijdpunten in een verkiezingscampagne uitgroeien, hangt af van zaken als onder andere het partijbestel, de partijprogramma's, de electorale tradities, de relatie tussen partij en kiezers en gebeurtenissen tijdens de campagne. Deze paragraaf behandelt de politieke thema's die op de politieke bijeenkomsten, in dagbladen, pamfletten en partijorganen de meeste aandacht kregen. Na deze bespreking wordt getracht te verklaren waarom juist deze thema's uitgegroeid zijn tot verkiezingsthema's.

DE INTERIM-REGELING

Het eerste bericht over een op handen zijnde Interim-regeling bereikte de Antillen op 17 november 1948. De vertegenwoordiger van Curaçao in Den Haag, Dr. da Costa Gomez, deelde toen in een voor de Antillen bestemde uitzending van de Wereldomroep P.C.J. mee, dat de Nederlandse regering besloten had om in afwachting van de vestiging van een definitieve rechtsorde van het Koninkrijk, een Interim-regeling in te voeren. Het lag in de bedoeling van de regering, aldus later Da Costa Gomez, om op basis van de nieuwe Grondwet van 1948:

> de autonomie van Curaçao vast te leggen door middel van een reeds bindende regeling, terwijl de laatste hand nog gelegd zal worden aan de basis van het gehele rijk. Een arbeid, die straks in de ronde tafelconferentie, dus gemeenschappelijk, wordt voortgezet.[58]

Op de Antillen reageerde de pers allerminst enthousiast. *Beurs- en Nieuwsberichten* schreef dat:

> het een onverantwoordelijk spel met de belangen van onze bevolking [is] om enkele maanden voor de verkiezing wederom met ingrijpende nieuwe wijzigingen van onze Staatsregeling te komen.[59]

Ook *Amigoe* (di Curaçao) vond het tijdstip van aankondiging van deze ongevraagde Interim-regeling zeer ongeschikt. Zij wees er op dat men zich straks bij de verkiezingscampagne op de borst zou gaan kloppen en wijzen op hetgeen bereikt was:

> 'Duidelijk', aldus *Amigoe*, 'springt in het oog, dat met de belangen van andere partijen dan de N.V.P. alleen – aannemende dat de meester-doctor het belang van zijn partij op het oog heeft – geen rekening gehouden wordt'.[60]

Beide dagbladen vroegen zich af waarom een Interim-regeling die zuiver voor de Oost noodzakelijk was in verband met de revolutionaire situatie, op de West toegepast moest worden. In een openbare vergadering van de N.V.P. op 23 december besprak Dr. da Costa Gomez de Nederlandse bedoelingen met betrekking tot de Interim-regeling en bevestigde hij het persbericht dat viceminister-president Mr. Van Schaik begin januari naar de Antillen zou komen voor overleg met de Staten over de Interim-regeling. Hij richtte zich toen ook tot de Nederlanders en Surinamers op Curaçao met de mededeling:

> dat zij van het Nationaal Verbond, van de N.V.P. geen onderscheid konden maken tussen hen, die verkozen hadden hier te leven en hen die hier waren geboren.[61]

Waarschijnlijk werden deze woorden uitgesproken met de aanstaande verkiezingen in gedachten. Het orgaan van Da Costa Gomez' partij bracht de Interim-regeling nog duidelijker in relatie met de verkiezingen. In een artikel over de reactie van de Democratische Partij op de aankondiging van de Interim-regeling presenteerde *Nos Lucha* de regeling geheel als een verdienste van Da Costa Gomez. Zij schreef dat de Democraten in onmacht moesten toezien wat:

> de grote Curaçaosche politicus en diplomaat, Mr. Dr. M. F. da Costa Gomez, hen in de schoot legt. . . . Jammer dat het juist weer Gomez moet zijn hè? Altijd weer, dat naar voren komen, die prachtige initiatieven.[62]

In de Papiamentuversie van bovenstaand artikel ging *Nos Lucha* een stap verder in het inlijven van de Interim-regeling in haar verkiezingspropaganda. Zij schreef dat het volk van Curaçao zich bewust was van de strijd die Da Costa Gomez gevoerd had voor de rechten van Curaçao en daarom bij de aanstaande verkiezingen haar stem op de N.V.P. zal uitbrengen. Het katholieke blad *Amigoe* schreef begin januari geen bezwaar te hebben tegen een regeling die erop gericht is om de Antillen en Suriname ten opzichte van Nederland meer zelfstandigheid te verschaffen. Het had er volgens *Amigoe* echter alle schijn van dat de Interim-regeling door *Nos Lucha* gedegradeerd werd tot een verkiezingsstunt.[63] *Amigoe*'s vrees kreeg extra voeding toen Da Costa Gomez op 17 januari – kort voor het bezoek van Mr. Van Schaik aan Curaçao – de opzienbarende mededeling deed dat Mr. Van Schaik de Interim-regeling eigenhandig en zonder Da Costa Gomez' medewerking had gemaakt.[64] Hiermee nam Da Costa Gomez impliciet afstand van *Nos Lucha*'s annexatie van de Interim-regeling als een succes van haar partijleider. Twee dagen na Da Costa Gomez' toespraak schreef *Nos Lucha* nog dat het inderdaad pijnlijk moest zijn voor de D.P. en de conservatieven (lees: K.V.P en C.O.P.) dat het bezadigd doch volharden streven van 'onze *Dòktor*' niet zonder succes was gebleven. Dat succes was, zo schreef *Nos Lucha*, het in luttele maanden bereiken van opmerkelijke resultaten als:

> een ingrijpende wijziging van de Curaçaosche Staatsregeling, een Grondwetherziening en zeer binnenkort volledige autonomie krachtens een Interim-regeling.[65]

In een rede van 20 januari nam Da Costa Gomez stelling tegen de bewering van de D.P. dat de Interim-regeling een overgangsperiode inluidde naar 'een nieuwe toestand van kolonialisme en Nederlands imperialisme.' Hij wees nogmaals op het tweeledig karakter van de regeling: enerzijds de instelling van volledige autonomie en anderzijds een voorbereiding op de nieuwe rechtsorde. Voorts stelde hij dat:

> Wie nu de aanbieding van de Interim-regeling in verband met de verkiezingen brengt denkt misschien wel spits maar geeft tevens blijk slecht op de hoogte te zijn van

de geschiedenis van de door de regering voorgenomen staatsrechtelijke hervormingen.[66]

Na het bezoek van Mr. Van Schaik trad een kentering op in de berichtgeving van het N.V.P.-orgaan met betrekking tot de Interim-regeling. *Nos Lucha* etaleerde de regeling niet langer als een partijverdienste maar ging er meer toe over de inhoud van de Interim-regeling te verdedigen tegen de voorstelling die de Democratische Partij er van gaf. Ook Da Costa Gomez begon de inhoud van de regeling expliciter aan de orde te stellen in zijn redevoeringen.[67] Deze accentverlegging kreeg onder andere gestalte in een pamflettenserie getiteld *Interim Regeling: Demagogia den Agonia* (Demagogie in Doodsangst).[68] De kern van het N.V.P.-betoog in deze drie pamfletten was de bewering dat D.P.'s snelle afwijzing van de Interim-regeling een truc was om na publicatie van de tekst door de Minister te kunnen stellen dat zij door hun kritiek ervoor gezorgd heeft dat Nederland de regeling bijstelde. Om deze D.P. -zet te verijdelen nam de N.V.P. nu stelling tegen de D.P.-beweringen ten aanzien van de inhoud van de Interim-regeling.

HET VROUWENKIESRECHT

De N.V.P. deed op 19 januari een poging het onderscheid tussen haar en de D.P., de K.V.P. en de C.O.P. (1948) aan te geven. In het *Nos Lucha*-artikel 'Principiële politiek en Vrouwenkiesrecht' stelde de N.V.P. dat zij noch met de radicale D.P. noch met de conservatieven iets gemeen had.[69] Als belangrijk verschilpunt met de D.P. noemde de N.V.P. haar streven om door middel van overleg met Nederland de autonomie te verwerven. In dit licht distantieerde de N.V.P. zich van de radicale aanpak van de Democraten die zich onder andere uitte in het boycotten van Statenvergaderingen, het weglopen van de Ronde Tafel Conferentie, het inroepen van Pan-Amerikaanse hulp en een premature afwijzing van de Interim-regeling. De N.V.P. huldigde verder het standpunt – gelijk het Volkscomité in februari 1948 – dat het vrouwenkiesrecht gerealiseerd was in weerwil van het weglopen van de D.P. van de RTC.[70] Zij meende hierop te moeten wijzen omdat de D.P. na de vaststelling van de Staatsregeling in mei 1948 zich opgeworpen had als promotor van het kiesrecht voor vrouwen.

De N.V.P. verweet de K.V.P. en de C.O.P. conservatisme op het vlak van staatsrechtelijke hervorming en gebrek aan principes ten aanzien van het kiesrecht voor vrouwen. Om het eerste punt te staven wees de N.V.P. op het verzet van de vroegere Katholieke Partij en van het lid van de Raad van Bestuur, A. G. Statius Muller, nu één van de leiders van de C.O.P. tegen de autonomiepetitie van 1946. Haar poging om zich ten aanzien van het vrouwenkiesrecht tegenover de K.V.P. te plaatsen doet ons inziens zeer gekunsteld aan. *Nos Lucha* viel de K.V.P. aan omdat deze partij, in tegenstelling tot hetgeen *Nos Lucha* van een zich principieel noemende katholieke partij – en dat deed de K.V.P. – verwachtte, zich niet tegen het kiesrecht voor Antilliaanse vrouwen verklaarde. *Nos Lucha* vermeldde geen enkele stellingname of daad van de K.V.P. tegen het kiesrecht voor vrouwen. Zij schreef zelfs:

> Het is wel eigenaardig dat men van de R.K. Partij op Curaçao die zo met haar 'beginselen' te koop loopt, nimmer iets heeft vernomen over 'principiële' bedenkingen tegen het vrouwenkiesrecht.[71]

Nos Lucha van 19 februari besteedde weer aandacht aan het vraagstuk van het vrouwenkiesrecht en de katholieken. De N.V.P. memoreerde hierbij dat de 'zogenaamde principiële tegenstand van R.K.-zijde tegen het vrouwenkiesrecht' er de oorzaak van was dat op 13 maart 1936 in de Tweede Kamer het vrouwenkiesrecht niet reeds in 1937 in de Antillen werd ingevoerd. Bij de behandeling van de wetsvoorstellen tot herziening van de Regeringsreglementen voor Suriname en Curaçao in 1936 hebben namelijk alle R.K. Kamerleden gestemd tegen het amendement IJzerman c.s. om in de aanhef het woord 'mannelijk' te doen vervallen. Ons inziens werd de Curaçaose K.V.P. hier ten onrechte aangeklaagd: de Nederlandse en niet de Curaçaose K.V.P. had zich tegen het vrouwenkiesrecht voor Suriname en Curaçao verklaard. De heer J. van Toorn, nummer vier op de kandidatenlijst van de N.V.P., vatte de redenering van de N.V.P. inzake deze kwestie op veelzeggende wijze samen:

> Uiteraard zal niemand de R.K. Volkspartij de vrijheid ontzeggen om er eigen specifieke opvattingen op na te houden omtrent de rechten van de vrouw in het algemeen, en het vrouwenkiesrecht in het bijzonder, maar als zij zich daarbij aandient als ´principieel´ vaart ze onder valse vlag . . . [w]ij pretenderen geenszins uitsluitend principieel te zijn.[72]

De K.V.P. beweerde wel uitsluitend principieel te zijn.

ANDERE VERKIEZINGSTHEMA´S

Behalve de Interim-regeling en het vrouwenkiesrecht heeft geen enkel thema in belangrijke mate de aandacht getrokken in de pers en op politieke bijeenkomsten. Wel waren er enkele thema's die gedurende een korte tijd enkele malen terugkwamen in de diverse dag- en partijbladen. Zo was de relatie tussen godsdienst en politiek een tijd lang een aandachtspunt. De K.V.P. stelde zich teweer tegen de uitspraak van de N.V.P. dat godsdienst in principe niets met politiek te maken had in de zin dat 'de religie geen bepaald sociaal, economisch of politiek stelsel leert.'[73] De *Amigoe* schreef, 'Wij moeten Katholiek zijn, niet alleen in de kerk . . . maar ook in ons maatschappelijk bestaan.'[74] Ook de D.P. wees politiek handelen vanuit een religieuze overtuiging nadrukkelijk van de hand. Daarnaast bekritiseerde de N.V.P. de verwaarlozing van openbare voorzieningen door de Staten 'waarin de D.P. het grootste aantal afgevaardigden had'. Het betrof zaken als elektriciteits- en watervoorziening, de wegenaanleg, het onderwijs en de gezondheidszorg in de buitendistricten. *Amigoe, Beurs,* de D.P. en de C.O.P. uitten hun onvrede over de in mei 1948 gewijzigde zetelverdeling voor de Staten. Het gelijke aantal Statenzetels voor Curaçao en Aruba – bedongen door Henny Emans Arubaanse Volkspartij en verdedigd door Da Costa Gomez – werd, naarmate de verkiezingen naderbij kwamen, door deze kranten en partijen beschouwd als nadelig voor Curaçao. Bij de behandeling van het wetsontwerp inzake wijziging der Staatsregeling had slechts een Statenminderheid, bestaande uit E. A. Römer (K.P. gekozen) en Mr. E. Cohen Henriquez en C. W. J. Jonckheer (beide benoemd) voor de door minister Jonkman voorgestelde ongelijke zetelverdeling gestemd. *Nos Lucha* besteedde geen aandacht aan deze kwestie.

Onderstaande tabel 1 laat zien dat het aantal kiesgerechtigden in de Antillen steeg van 3,9% van de bevolking in 1945 naar 36,5% in 1949. Voor Curaçao waren de cijfers 5% respectievelijk 41%. Het grootste deel van deze stijging kwam voor rekening van de vrouwen die op alle eilanden, met uitzondering van Aruba, de meerderheid der kiezers van 1949 leverden.

Tabel 1:

Eiland	1945			1949		
	Kiesgerechtigden			Kiesgerechtigden		
	absoluut	in % bevolking	mannen absoluut	vrouwen absoluut	totaal absoluut	in % bevolking
Curaçao	4.095	5	18.087	19.601	37.688	41
Aruba	1.906	4,5	6.557	6.262	12.819	26,7
Bonaire	102	1,8	656	1.568	2.224	41,5
St. Maarten	60	3,6	212	366	578	34
St. Eustatius	45	4,6	136	211	347	36,7
Saba	43	3,6	148	303	451	39,2
totaal	6.251	3,9	25.796	28.311	54.107	36,5

Bronnen: 1945 Curaçaos Verslag 1945
1949 Beurs- en Nieuwsberichten, 1 december 1948

De partijen deden alle moeite om nu hun historische solidariteit aan te tonen met de tot voor kort politiek genegeerde potentiële kiezersgroep, de vrouwen. Slechts één partij kon echter bogen op een uitgesproken stellingname inzake het vrouwenkiesrecht. De voorloper van de N.V.P., het Volkscomité, had na het weglopen van de D.P. uit de RTC in februari 1948 twee telegrammen inzake het kiesrecht naar Nederland verzonden. In het eerste telegram werd Mr. Kropman, voorzitter van de parlementaire commissie die begin 1947 de Antillen bezocht had, bedankt voor zijn uitlatingen ten faveure van kiesrecht voor mannen en vrouwen. Een tweede tegelgram ging naar Prof. Romme: zijn steun werd verzocht vóór kiesrecht voor mannen en vrouwen bij de behandeling van het wetsvoorstel inzake wijziging van de Staatsregeling in de Staten-Generaal.[75]

De 'keuze' van de politieke thema's: een verklaring

De strekking van de Interim-regeling paste geheel in het politiek program van de N.V.P. Het eerste doel dat de partij zich in het Vierpuntenprogramma van 17 januari 1949 stelde, was immers het:

> het bevorderen van de politieke reconstructie van de Nederlandse Antillen in het Koninkrijk, alsmede de interne reorganisatie van de Antillen.[76]

De ontwikkeling van de Interim-regeling tot het voornaamste verkiezingsthema van 1949 werd in eerste instantie bepaald door het streven van de N.V.P. c.q. Da Costa Gomez om zelf een rol te spelen in het tot stand brengen van vooruitgang op het terrein van staatsrechtelijke hervormingen. Dr. da Costa Gomez had zowel ten tijde van het Volkscomité als na de oprichting van de N.V.P. een belangrijke hand gehad in de realisering van de autonomie.

De rol van Da Costa Gomez en de N.V.P. werd echter om propagandistische, electorale redenen overdreven groot voorgesteld. De terughoudendheid van de Nederlandse regering bij het openbaar maken van de tekst van de concept interim- regeling schonk Da Costa Gomez belangrijke mogelijkheden. In de hoedanigheid van Vertegenwoordiger van Curaçao te Den Haag en lid van de Redactiecommissie van de RTC was hij gerechtigd het blijde nieuws aan de Antillen door te geven. Dat hij daarvoor het medium radio verkoos boven het schrijven aan de Staten moet ons inziens toegeschreven worden aan het feit dat hij op dat moment zijn relatie tot het kiezersvolk van Curaçao belangrijker achtte dan die tot de Staten waarin zijn tegenstanders uit de K.V.P. en de D.P. zitting hadden. De betekenis van de associatie van de Interim- regeling met de persoon die hem als eerste aan het kiezersvolk aankondigde moet voor Da Costa Gomez een belangrijke overweging zijn geweest. Hij had zeven maanden eerder een nieuwe politieke partij opgericht waarmee hij aan de eerste algemene verkiezingen in maart 1949 wilde deelnemen. Voor het eerst zou de politiek ongeschoolde massa zich gaan uitspreken over de politieke partijen, maar primair over hun leiders. Het voornemen van de Nederlandse regering om een Interim-regeling tot stand te brengen gaf Da Costa Gomez een actueel thema, een vraagstuk waarmee hij zich kon profileren tegenover zijn politieke tegenstanders. Deze werden in een klap op een achterstand geplaatst: alvorens hun standpunt ten aanzien van de Interim-regeling te formuleren en aan het publiek kenbaar te maken moesten zij wachten op informatie van de minister over de inhoud van de regeling.

De Interim-regeling werd meteen een controversiële kwestie op de Antillen. De geruchten die de *Democraat* – het orgaan van de D.P. – en *Nos Lucha* over de regeling verspreidden, hielden de aandacht van de politiek geïnteresseerden vast. Da Costa Gomez' houding op partijvergaderingen na zijn terugkeer op de Antillen heeft er niet weinig toe bijgedragen dat bij de andere partijen de indruk werd gewekt dat de regeling voor partijdoeleinden gebruikt werd. Het gebruikelijke wantrouwen van de D.P. jegens voorstellen uit Nederland droeg ook het zijne bij tot de controverse. De Democratische Partij zag terecht een bedreiging in de opkomst van de N.V.P. De laatste kwam voort uit de in 1945 door de D.P. verslagen Katholieke Partij en richtte zich net als de D.P. op de grote groep kiezers die, in tegenstelling tot de vroegere kleine kiezerspopulatie, confessioneel (bijna) homogeen was. Al deze factoren hebben ertoe geleid dat de plannen voor een grotere mate van zelfbestuur voor de Antillen hét onderwerp van discussie bij uitstek werden. Het gevolg hiervan was dat de vraag naar hetgeen de politieke partijen beleidsmatig met het verkregen gedeeltelijk zelfbestuur wilden gaan doen op de achtergrond gedrukt werd.

Het vrouwenkiesrecht was eveneens een belangrijk discussieonderwerp tijdens de campagne. De invoering van het algemeen kiesrecht vergrootte het electoraat op drastische wijze. De N.V.P kon zich nu beroepen op de inzet van zowel Da Costa Gomez persoonlijk als het Volkscomité ten behoeve van het kiesrecht voor vrouwen. Reeds op 18 maart 1948, één dag na de aanvaarding van de Staatsregeling door de Tweede Kamer, schreef het Volkscomité in een strooibiljet:

> *Pueblo di Corsou pabien. Comishon die Pueblo a gana derecho di voto pa Muhernan* [Volk van Curaçao gefeliciteerd. Het Volkscomité heeft het kiesrecht voor vrouwen gerealiseerd].[77]

De N.V.P. rekende op een forse ondersteuning van de zijde van de Curaçaose vrouwen bij hun eerste gang naar de stembus. Dit verklaart waarom de N.V.P. tijdens de campagne het kiesrechtvraagstuk duidelijk in de belangstelling wenste te brengen. De D.P. had in een eerder stadium geschreven dat zij, vanwege 'de katholieke inslag' van de Curaçaose vrouwen, bij de invoering van het vrouwenkiesrecht een versterking van het conservatieve katholieke kamp verwachtte. Deze partij was weggelopen van de RTC en nam niet deel aan de informele bijeenkomsten waar gesproken werd over de mogelijke invoering van het algemeen kiesrecht.[78]

De 'slechte staat van dienst' van de Democratische Partij op het gebied van het algemeen kiesrecht was op 10 september 1948 al door de *Amigoe* ter sprake gebracht.[79] Bij die gelegenheid schreef het katholieke blad dat de D.P.-Statenleden in een geheime commissievergadering over het kiesreglement voorgesteld hadden het kiesrecht slechts te geven aan de in de Nederlandse Antillen geborenen en aan de daar niet-geborenen voor zover zij er drie jaar woonachtig waren. Dit voorstel was erop gericht het stemrecht te onthouden aan nieuw aangekomen Europese Nederlanders en Surinamers omdat – zo oordeelde de D.P. – 'het welzijn van ons staatsdeel hen wellicht koud laat, aangezien Curaçao allereerst goed van dienst is als winstobject.'[80] De K.V.P. had zich niet geprofileerd als voorstander van het algemeen kiesrecht. Evenmin had zij in 1948 of 1949 stelling genomen tegen de uitbreiding van het mannenkiesrecht of de invoering van het vrouwenkiesrecht. Ook de K.V.P. meende te kunnen rekenen op een aanzienlijk deel der kiesgerechtigde vrouwen; dit op basis van het feit dat de meerderheid der bevolking katholiek was. De C.O.P. richtte zich op de vrouwelijke kiezers uit de laag der niet-katholieke Nederlanders en Curaçaoënaars.

De verkiezingscampagne van 1949 werd in overwegende mate beheerst door de voortvarendheid waarmee de N.V.P. haar sterke punten onder de aandacht van het publiek wist te brengen. Hierbij kon zij als nieuwe partij profijt trekken van de tekortkomingen van de D.P. en de gereorganiseerde Katholieke Partij. De Nationale Volkspartij presenteerde zich als de nieuwe partij aan het begin van een nieuwe fase waarin de massa der bevolking mede dankzij de inzet van de N.V.P.-leider voor het eerst toegang kreeg tot het politieke strijdperk. De partijprogramma's, die onderling niet veel verschilden, bleken niet centraal te staan in de verkiezingscampagne.

De tactiek van de politieke partijen in dit eerste appèl aan het onervaren electoraat bestond uit het accentueren van de prestaties van de eigen partij en de eigen leider en het waarschuwen voor de gevaarlijke koers van de tegenstanders.

Charismatisch leiderschap en de Nationale Volkspartij

De Staatsregeling van mei 1948 schonk een zekere mate van autonomie aan de Nederlandse Antillen en stelde een uitbreiding van deze autonomie in een hernieuwd Koninkrijk in het vooruitzicht. Deze Staatsregeling schiep een nieuwe maar tevens gecompliceerde politieke situatie. Zoals aangegeven in hoofdstuk 1 werd er een proto-ministerraad (het College van Algemeen Bestuur) ingesteld. Daarnaast werden het ledental en de bevoegdheden van de Staten uitgebreid. Van grote betekenis voor de partijvorming, voor de hergroepering van de politieke elite was de invoering van het algemeen kiesrecht. Welke koers moest de gedeeltelijk autonome Antillen nu varen? Welk deel van de politieke elite zou de steun verwerven van de pas met kiesrecht bedeelde massa? Hoe zouden deze hervormingen de machtsverhoudingen in de Antilliaanse maatschappij beïnvloeden? Politici en kiesgerechtigden zouden uiteindelijk samen de antwoorden op deze vragen moeten vinden.

Reeds aan de vooravond van de invoering van het algemeen kiesrecht viel te zien dat de oude tegenstelling binnen de elite tussen katholieken en niet-katholieken begon te eroderen. Het algemeen kiesrecht deed de massa der overwegend katholieke bevolking van de Nederlandse Antillen het politieke strijdtoneel betreden. Hiermee was de basis voor een politieke scheiding tussen katholieken en niet-katholieke verdwenen. Van de katholieke politici was Dr. da Costa Gomez de eerste die deze ontwikkeling voorzag. Ook de (toekomstige) niet-katholieke partijen zouden bij het werven van een achterban namelijk een beroep moeten doen op de nieuwe merendeels katholieke kiesgerechtigden. De nieuwe kiezers hadden over het algemeen weinig onderwijs genoten. Van een politieke vorming was geen sprake. Hun voorbereiding op de rol van kiezer schoot ernstig tekort. De politieke leiders waren van hun kant niet beproefd in het dragen van politieke verantwoordelijkheid. Er bestond geen gemeenschappelijke politieke taal van elite en kiezers. De diverse eilandelijke elites namen allen hun toevlucht tot het benadrukken van symbolen van eilandelijke – 'nationale' – eenheid, tot het bespelen van de emoties van het volk en tot het etaleren van persoonlijke wapenfeiten. Het bleek gemakkelijker te zijn steun te verwerven voor een persoon, die de kiezers emotioneel benaderde dan voor een politiek program. Niet alle partijen op de Antillen hebben de door het algemeen kiesrecht geschapen situatie even succesvol weten te benutten.[81] De visie van de diverse elites op de Antilliaanse maatschappij, hun wijze van benaderen van de kiezers, de sociaal economische positie van de kiezers op wie zij zich primair richtten, de etnische afkomst en de reputatie van de partijleiders waren enkelen van de meest belangrijke factoren die de uiteindelijke omvang van de aanhang van de verkiezingen bepaalden.

Dr. da Costa Gomez had zich door zijn activiteiten sinds 1935 ontwikkeld tot de vaandeldrager van het Antilliaanse streven naar zelfbestuur. Een deel van de in 1945 nog niet kiesgerechtigden werd tijdens de diverse etappes van de strijd om autonomie door middel van politieke acties van het Autonomiefonds en het Volkscomité gemobiliseerd ten behoeve van het autonomiestreven. Het idee van zelfbestuur voor de Antillen werd in hoofdzaak door Da Costa Gomez overgebracht op en levend gehouden bij de niet-kiesgerechtigden. Op Aruba maakte J. H. A. Eman ('Shon Henny'), oprichter en leider van de Arubaanse Volkspartij (A.V.P., opgericht in 1942), zich tot spreekbuis van die Arubanen voor wie autonomie in de eerste plaats betekende autonomie voor Aruba ten opzichte van Curaçao. Het streven naar verzelfstandiging van het Antilliaanse volk en de in die verzelfstandiging vervatte belofte van zeggenschap en macht voor de politiek nog niet-geëmancipeerde meerderheid bood een van de schaarse mogelijkheden voor een ambitieus persoon uit de traditionele politieke elite om zijn solidariteit met de gewone man en vrouw te tonen en daarmee een massa-aanhang te verwerven.

In de literatuur over charismatisch leiderschap worden een 'nieuwe, onduidelijke situatie' en het 'verwoorden van een ideologisch doel' aangemerkt als basisvereisten in de situationele sfeer voor de opkomst van een charismatische leider.[82] Beide vereisten waren ons inziens vanaf 1945 op Curaçao aanwezig.[83] Charismatisch leiderschap wordt natuurlijk niet uisluitend bepaald door situationele factoren maar is de resultante van een wisselwerking tussen persoonlijke eigenschappen en situationele factoren. In het onderstaande zullen wij, uitgaande van de charismatheorie van House en Sashkin, nagaan of Da Costa Gomez een charismatische leider was.[84] Tevens trachten wij een antwoord te formuleren op de vraag hoe in het geval van Da Costa Gomez de interactie tussen persoonlijke kenmerken en situationele factoren plaatsvond.

Allereerst moeten wij vaststellen of Da Costa Gomez de persoonlijke kenmerken bezit die men in de literatuur toeschrijft aan een charismatische leider.[85] Hierbij doet zich het probleem voor dat de tijdgenoten van Da Costa Gomez die over hem schreven hun aandacht niet systematisch gericht hadden op de eigenschappen van deze politicus. Zij schreven veeleer over datgene wat hen globaal opviel zoals Da Costa Gomez' gezag binnen de N.V.P. en zijn populariteit onder de plattelandsbevolking van Curaçao.

In zijn theoretische verklaring van charisma somt R. J. House vier persoonlijke eigenschappen op die wetenschappers en leken over het algemeen toeschrijven aan een charismatische persoonlijkheid.[86] Deze eigenschappen zijn: *persoonlijk overwicht, zelfvertrouwen, een sterke overtuiging in eigen ideeën en idealen en heerszucht.* Wij zullen nu enkele verspreide typeringen van en uitspraken over Da Costa Gomez bijeen brengen en nader bekijken. Rosario vermeldt Da Costa Gomez' wijsheid en welsprekendheid. Verder was Da Costa Gomez in zijn ogen een vaderfiguur voor velen, een lange-termijndenker, een getalenteerd, humaan, integer en eigenwijs mens met een ontwapenende humor.[87] Hij nam, aldus Rosario, teveel hooi op zijn vork en verstrikte zich daardoor in organisatorische moeilijkheden en had een gebrek aan mensenkennis.

Een partijgenoot van Da Costa Gomez, de heer C. Desmer, deelde ons tijdens een vraaggesprek mee dat Da Costa Gomez zelfverzekerd, intelligent en welbespraakt was.[88] Daarnaast had hij, aldus Desmer, een grote behoefte aan aanzien en was hij sterk overtuigd van de wenselijkheid van autonomie en wilde hij de leider zijn van het streven naar autonomie. Da Costa Gomez was, zo vervolgde deze zegsman, chaotisch, niet zakelijk en bezat nagenoeg geen organisatietalent. Hij was een imponerend en goedhartig mens. Een tweede gewezen partijgenoot en Statenlid voor de N.V.P. herinnert zich Da Costa Gomez als een innemend, ongeorganiseerd en humoristisch persoon met een drang tot leiding geven.[89] Da Costa Gomez deed bij meningsverschillen veel om andersdenkende partijgenomen en kiezers niet voor het hoofd te stoten, maar voerde uiteindelijk precies datgene uit wat hij oorspronkelijk van plan was, zo deelt ons deze zegsman mee. Juancho Evertsz, die na het overlijden van Da Costa Gomez in 1966 leider van de N.V.P. werd, herinnert zich *Dòktor* als een vader en een vriend voor de mensen van de stad en de *kunuku* van Curaçao, als iemand waar de kleine man tegen op keek en tegelijk als vriend zag.[90] L. D. Gerharts, een fanatieke tegenstander van Da Costa Gomez, noemde *Dòktor* in 1973 een 'vriendelijk en beminnelijk' mens.[91] Onze vijf zegslieden zijn het erover eens dat Da Costa Gomez een groot persoonlijk overwicht had: zij spreken van wijsheid, een vaderfiguur, een imponerende en innemende persoonlijkheid. Kwalificaties die wijzen in de richting van zelfvertrouwen zijn ook aanwezig: onze bronnen spreken van respectievelijk eigenwijsheid, zelfverzekerdheid, het hechten aan eigen plannen en het niet dulden van tegenspraak.[92] Gerharts,[93] Luis Daal en Desmer spreken over

Da Costa Gomez' overtuiging en de vastberadenheid waarmee hij zijn doel – autonomie voor de Antillen en bewustmaking van het Curaçaose volk – nastreefde.[94]

House' vierde kenmerk van de charismatische persoonlijkheid wordt door beide geïnterviewde partijgenoten bij Da Costa Gomez aanwezig geacht. Zijn wens om leider te zijn van de autonomiebeweging en de behoefte aan status – erkenning voor zijn deskundigheid op staatsrechtelijk- en diplomatiek gebied – waren in 1946 al waarneembaar, aldus onze zegslieden. House poneert in navolging van Marshall Sashkin[95] nog twee kenmerken van een charismatische leider, namelijk intellectuele kracht en integriteit, en welsprekendheid. Sashkin voegt in zijn commentaar op House' charismatheorie nog twee trekken toe die hij ontleent aan Stogdill: deze zijn verantwoordelijkheid en originaliteit.[96] Da Costa Gomez' grote deskundigheid op het gebied van het staatsrecht en de politieke geschiedenis van de Antillen, werd door allen op de Antillen en door Nederlandse bewindslieden erkend. Rosario, Evertsz en McWilliam spreken over zijn eruditie.[97] Rosario, Evertsz en *Nos Lucha* roemden Da Costa Gomez om zijn diplomatieke gaven, Rosario en Desmer getuigden van zijn integriteit.[98] Da Costa Gomez was zeer bekend om zijn welsprekendheid: in de Staten der Nederlandse Antillen kon hij urenlang belangwekkende betogen houden over een of ander staatstheoretisch onderwerp en op partijbijeenkomsten hield hij lange aanvurende redes voor zijn aanhang.[99]

Met betrekking tot kenmerken als verantwoordelijkheidsgevoel en originaliteit verschaffen de bronnen ons ook de nodige gegevens. In een in 1971 uitgesproken rede stond Luis Daal stil bij de bezorgdheid van Da Costa Gomez voor de toekomst en het geluk van zijn volk[100]; de bezorgdheid voor het veiligstellen van de rechten van dat volk. *Dòktor's* pleidooi voor algemeen kiesrecht en autonomie reeds in 1935 getuigde van een originele en voor die tijd zeer vooruitstrevende stellingname, aldus Evertsz.[101]

Alle in de theoretische literatuur (House, Sashkin, Stogdill) aan een charismatische leider toegeschreven persoonlijke kenmerken werden, zoals wij hebben gezien, door onze zegslieden – geïnterviewden èn auteurs – bij Dr. da Costa Gomez aanwezig geacht. Deze zegslieden hadden Da Costa Gomez jarenlang van nabij meegemaakt. Sommigen, zoals de politicus en romanschrijver Guillermo Rosario, de latere N.V.P.-leider en premier Juancho Evertsz en de notaris en Statenlid E. Cohen Henriquez, hebben zelfs vele jaren met Da Costa Gomez samengewerkt. Zonder enige twijfel kunnen wij stellen dat Da Costa Gomez de voor een charismatische leider karakteristieke persoonlijke eigenschappen in ruime mate bezat.

Wij hebben in het bovenstaande de gunstige situationele factoren voor de opkomst van een charismatische leider besproken. Ook hebben wij de charismatische trekken in Da Costa Gomez duidelijk vastgesteld. In het onderstaande moeten wij nagaan hoe Da Costa Gomez zelf de wisselwerking tussen zijn gaven en de situationele factoren heeft bewerkstelligd; anders geformuleerd, hoe hij zijn talenten en de gerezen omstandigheden heeft benut om een achterban op te bouwen. In navolging van House en Sashkin onderscheiden wij een viertal die kenmerkend zijn voor de interactie tussen een charismatische leider en zijn publiek c.q. zijn aanhang. Wij gaan nu over tot de bespreking van deze gedragsvormen.

SCHEPPEN VAN EEN POSITIEF LEIDERSBEELD

Zomer 1946 keerde Da Costa Gomez op Curaçao terug als gevierde leider van de succesvolle Autonomiecommissie die in juni de autonomiepetitie aan de Koningin had overhandigd.[102] Hij benutte de belangstelling die deze door de Staten afgevaardigde commissie genoot om zich te manifesteren als de voorvechter voor de autonomie. Hiermee distantieerde hij zich duidelijk van het behoudende hoofdbestuur van de Katholieke Partij dat zich in een telegram van 13 juni 1946 aan Prof. Romme tegen de actie van de Staten verklaarde. De goede ontvangst die de Autonomiecommissie in Nederland ten deel gevallen was werd door Dr. da Costa Gomez ter vergroting van zijn eigen populariteit op enkele openbare bijeenkomsten uitvoerig en geestdriftig besproken. Zijn redevoeringen hadden een sterk persoonsgebonden karakter. In een van zijn toespraken zei Da Costa Gomez het volgende:

> het ligt aan jullie om mij te helpen. Maar ik twijfel niet, want ik weet dat ik op de mannen van Curaçao kan rekenen. Wij hebben . . . de autonomie meegebracht.[103]

Progressieve katholieke medestanders gingen nog verder in huldigende woorden aan het adres van *Dòktor*. In allerlei bewoordingen werd de indruk gewekt van een competent en succesvol 'kind des volks' dat niettegenstaande de conservatieve daden van de Raad van Bestuur en het Katholieke Partijbestuur gehoor heeft gekregen bij een welwillende Koningin Wilhelmina.[104] Zo konden de aanwezigen op deze openbare bijeenkomsten horen spreken over:

> de uitverkoren zoon van Curaçao, die weet en voelt wat wij noodig hebben, beter dan wie dan ook. Een kind des volks . . . minnaar der vrijheid. Moises da Costa Gomez, held van ons volk, wij weten dat jij voor ons tot alles in staat bent, ook weten wij dat U alle lof en glorie verafschuwt, maar wij U onze steun aan.

Een andere medestander vertelde het publiek: 'Over eenige maanden zullen wij krijgen hetgeen hij voor ons zocht namelijk de autonomie.'[105] Dr. da Costa Gomez en zijn naaste medewerkers hebben sinds de zomer van 1946 gewerkt aan de creatie en instandhouding van een electoraal aantrekkelijk persoonlijk imago van de *Dòktor*. Grote delen van het Curaçaose volk gingen op den duur in Da Costa Gomez een geleerd, welsprekend, integer, eenvoudig landskind zien dat Curaçao bekwaam en succesvol leidde in de onderhandelingen met Nederland.

De bewondering voor Dr. da Costa Gomez' grote inzet ten behoeve van het autonomiestreven ontaardde, naarmate de strijd tegen de behoudende (Raad van Bestuur, de Katholieke Kerk, de Katholieke Partij) en radicale (Democratische Partij) krachten feller werd, soms in overdrijving van zijn aandeel in de autonomiestrijd. Ter illustratie daarvan volgen hier twee voorbeelden. Aan deze voorbeelden gaat echter, ter vergelijking, een citaat vooraf waaruit de bewondering voor Da Costa Gomez uitgedragen wordt zonder dat geweld gedaan wordt aan de werkelijkheid. *Nos Lucha* deelde op 1 december 1947 mee dat zij was geïnspireerd door:

> zijn (Da Costa Gomez, rdb) voorbeeld, aangemoedigd door zijn ideaal, bewust van zijne zending, doordrongen van de vurige verlangens van alle Curaçaoënaars.

Da Costa Gomez werd genoemd 'de organisator van de RTC van 1948'[106]; hij zou tezamen met de Plantz het vrouwenkiesrecht gerealiseerd hebben.[107] Tussen december 1948 en eind januari 1949 schreef *Nos Lucha* de verdienste voor de Interim-regeling geheel voor rekening van Dr. da Costa Gomez.

FORMULEREN VAN EEN DOEL WAAR DE AANHANG ZICH IN HERKENT

Da Costa Gomez had zich ten doel gesteld autonomie voor de Antillen binnen het Koninkrijk te realiseren. De nagestreefde autonomie betekende voor hem zelfstandig bestuur ten aanzien van interne zaken, een aan de volksvertegenwoordiging verantwoordelijk bestuur, algemeen kiesrecht en zelfstandigheid voor de afzonderlijke eilanden. In redevoeringen en partijprogramma's schetste hij echter nog een tweetal verder liggende doelen: het eigen bestuur zag hij als een vereiste om te komen tot materiële voortgang in de vorm van werkgelegenheid, betere onderwijsvoorzieningen, aanleg van wegen, goede gezondheidszorg, uitbreiding van de elektriciteits- en watervoorziening naar de *kunuku*. Daarnaast zette Da Costa Gomez zich in om het 'lagere' volksdeel wakker te schudden en haar bewust te maken van zijn eigenwaarde en latente kracht. Hij zag het als een taak van het autonoom bestuur om zorg te dragen voor de geestelijke verheffing van het Curaçaose Volk.[108] Deze doelen – materiële vooruitgang en geestelijke verheffing – gaven aan de strijd om autonomie in de ogen van de *kunuku*-mensen waar Da Costa Gomez zich met nadruk op richtte een bijzonder betekenis en gewicht. De autonomie werd aldus *een tussendoel* op de weg naar het beloofd eindpunt waar de verlangens naar betere economische kansen, sociale waardering en respect gehonoreerd zouden worden:

> Vroeger hadden vooral de mensen van Banda Abao en Banda Ariba een soort minderwaardigheidsgevoel. Hij (*Dòktor*) maakt hen trots op hun afkomst van Banda Abao of Banda Ariba.[109]

Da Costa Gomez werkte zorgvuldig aan een gunstig imago bij het Curaçaose volk en formuleerde korte en lange-termijndoelen waarvoor hij een grote achterban probeerde te werven. Wij zullen een antwoord moeten vinden op de vraag hoe Da Costa Gomez een steeds groter wordende groep aanhangers heeft proberen te motiveren en te mobiliseren voor bijeenkomsten, demonstraties en stembusgang. Tevens moeten wij nagaan of hij daarin al dan niet verschilde van de Curaçaose partijleiders.

Motiveren: oproepen tot eenheid en strijdbaarheid

Da Costa Gomez benadrukte steeds weer het belang van eendracht onder het volk om de autonomie te realiseren en die goed te benutten. Ook riep hij zijn aanhang op tot strijdbaarheid tegen politieke partijen en personen die, zo oordeelde hij, door behoudzucht of radicalisme de autonomiestrijd in gevaar brachten. Daar de achterban van Da Costa Gomez samengesteld was uit mensen van verschillende rassen, klassen, godsdiensten en landen van herkomst waren zijn pleidooien om eendracht beslist niet overbodig. In zijn oproepen tot eendracht klonk meestal zijn vertrouwen in zijn toehoorders krachtig door:

> Het is tijd dat wij vereenigd blijven. Maak een goed gebruik van de autonomie. Reikt elkaar de hand en toont degenen die jullie onrijp hebben genoemd [de Raad van Bestuur, de Katholieke geestelijkheid en de Katholieke Partij] dat het andersom is . . . [v]ereenigt je beter. Ik twijfel niet, maar zorg dat wij een blijven. . . . Curaçao eischt opoffering van al haar zonen.[110]

Ook de naaste medewerkers van Da Costa Gomez deden een soortgelijk beroep op de achterban. Hier is de heer Jacobo Pieters Kwiers uit Willibrordus aan het woord:

> Laten wij onze kracht vereenigen, want nu breekt de strijd aan om een beter Curaçao te maken, alwaar onze kinderen van betere posities gebruik kunnen maken.[111]

Uit diverse perspublicaties vernemen wij dat de politieke partijen van Curaçao zich tijdens de verkiezingscampagne schuldig maakten aan demagogie. Het peil der campagne moet zeer laag zijn geweest. De partijen probeerden elkaar met tactische manoeuvres de loef af te steken. Ook Da Costa Gomez maakte gebruik van tactische trucs. Hij daagde bijvoorbeeld op een N.V.P.-bijeenkomst de K.V.P.-bestuursleden uit om het N.V.P.-podium te bestijgen en uitleg te geven van wat de *Amigoe di Curaçao* – een katholiek blad – geschreven had over de bijzondere scholen. Het uitblijven van een K.V.P.-reactie ter plekke diende als bewijs van het gelijk van Da Costa Gomez, zo deelt het zeker niet onpartijdige K.V.P.-blad *Alerta* ons mee.[112] De N.V.P. had tijdens een bezoek van minister Van Schaik in een vlugschrift te midden van een opsomming van sprekers met dikke letters geschreven: Boodschap van minister Van Schaik. Dit wekte natuurlijk, ten onrechte, de indruk dat deze minister de N.V.P.-vergadering zou toespreken. De K.V.P. van haar kant vertelde op menige openbare bijeenkomst het levensverhaal van Goebbels op zodanige wijze dat de toehoorders daaruit wel de parallel met Da Costa Gomez moesten herkennen.[113]

Aanhangers van Da Costa Gomez werden in de *Amigoe* ervan beschuldigd op N.V.P.-bijeenkomsten de rassentegenstellingen aan te wakkeren door voor te lezen uit de brochure van Felipe Brion getiteld *Tragedia di nos raza y su resureccion* [De Tragedie van ons ras en zijn wederopstanding].[114] In deze brochure uit 1948 werd de zwarte gekleurde bevolkingsgroep die politiek en economisch achtergesteld was, opgeroepen om onder leiding van Da Costa Gomez actief deel te nemen aan de strijd om de autonomie en zodoende te voorkomen dat de blanke – protestante, katholieke en joodse – elite wederom alle politieke macht naar zich toetrok. Enkele zegslieden achtten het niet uitgesloten dat dit boekje door *Dòktor* da Costa Gomez zelf geschreven was, maar uitgebracht werd onder de naam van de taxichauffeur en trouwe N.V.P.-er Felipe Brion. Bewijzen hiervoor ontbreken echter.[115] Dezelfde zegslieden deelden ons anderzijds mee dat *Dòktor* zelf nooit publiekelijk gesproken had over de raciale tegenstellingen op Curaçao. Wij stellen vast dat Da Costa Gomez zich als charismatische leider ook bediend heeft van propagandistische trucs om zijn aanhang op te wekken tot activiteiten die dienstig waren aan zijn vooruitstrevend doel: opheffing van de koloniale status van de Antillen. Wij constateren tegelijkertijd dat niet alleen de N.V.P., maar ook de K.V.P. en de D.P. tijdens de verkiezingscampagne demagogie verweten werd.[116] Eén keer vinden wij vermeld dat alle partijen invloedrijke posten aan hun aanhang beloofden, hetgeen zeker enige invloed moet hebben gehad op het kiezersgedrag.[117] Onbekend is echter in welke mate iedere partij van dit middel geprofiteerd heeft.

SCHEPPEN VAN VERTROUWENWEKKENDE MOBILISATIEMIDDELEN

Aansluitend willen wij nog enkele ons belangrijk voorkomende middelen beschrijven waarvan Da Costa Gomez zich bediend heeft om zijn aanhang te mobiliseren. Korte tijd na de reis van de Autonomiecommissie naar Nederland richtte Dr. da Costa Gomez de Stichting Autonomiefonds op. Het doel van dit Autonomiefonds (*Fondo di Autonomia*) was de organisatie en scholing van het Curaçaose volk ter hand te nemen met de bedoeling uit zijn midden personen te werven die een openbare functie in het autonome Curaçao konden gaan uitoefenen. Steunend op giften van particulieren en de opbrengsten van bazaars, stelde het fonds zich het volgende ten doel:[118]

a. aanschaffen van een gebouw,

b. bevorderen van studiemogelijkheden op Curaçao en in Nederland voor minvermogende jongeren,

c. bevorderen van sociale, hygiënische en economische voorzieningen voor het volk, en

d. bevorderen van publicatie en documentatie omtrent Curaçao.

In de zomer van 1948 betrok het Autonomiefonds het pand Penstraat 24 dat zij *Cas di Pueblo* [Huis van het Volk] doopte. *Cas di Pueblo* beoogde, aldus het fonds, te zijn: een ontmoetingsplaats van het volk – voornamelijk van arbeiders – waar het ondersteuning van zijn belangenstrijd en hulp bij het opbouwen van zijn eigen organisaties kon verkrijgen, en een centraal punt waar de krachten van het volk verenigd konden worden om een maximaal resultaat te halen uit inspanningen om het volk moreel en cultureel te verheffen.[119]

In de tweede helft van 1948 bracht de Unie van Chauffeurs haar secretariaat onder in *Cas di Pueblo*; de Unie van Havenarbeiders was toen in onderhandeling met de regenten over ruimte voor haar secretariaat. Plannen om onder auspiciën van het Autonomiefonds een vakbondscentrale in het *Cas di Pueblo* op te zetten waren in de herfst in de maak.[120] Ook was er een vrouwengroep in het gebouw actief die zich toelegde op handwerken. Vele jongeren zijn op advies en met financiële middelen van het Autonomiefonds in Nederland gaan studeren.[121] Formeel was het Autonomiefonds de eigenaar van *Cas di Pueblo*. Het Volkscomité dat zich doelen had gesteld op het terrein van de beïnvloeding van de publieke opinie hield veel van haar bijeenkomsten op het erf van *Cas di Pueblo*. De in april 1948 opgerichte N.V.P. vestigde haar hoofdkantoor in *Cas di Pueblo* en organiseerde het gros van haar politieke en politiekondersteunende activiteiten eveneens in *Cas di Pueblo*. Da Costa Gomez was vanaf zomer 1948 dus werkzaam vanuit dit partijkantoor in Pietermaai. *Cas di Pueblo* speelde later een nog grotere functie in het N.V.P.-streven naar verbetering van het lot van de armere bevolkingslagen en in de verspreiding van de politieke denkbeelden van de partij. Begin 1949 berichtte *Amigoe* dat volgens een aankondiging van het N.V.P.-blad *Pueblo* de arts Ph. F. de Haseth-Möller een medisch spreekuur in het autonomiehuis was begonnen.[122] *Nos Lucha* kondigde in mei 1949 de opening aan van een arbeidsbeurs in *Cas di Pueblo* waar werklozen zich konden laten inschrijven en waar werkgevers terecht konden wanneer zij personeel zochten.[123] In hetzelfde blad riep het N.V.P. –hoofdbestuur alle partijleden op om zich met hun klachten, van welke aard dan ook, te wenden tot het partijkantoor waar zij kosteloos geadviseerd zouden worden.

Het opzetten van het partijgebouw *Cas di Pueblo* als een dienstencentrum voor leden en sympathisanten – met vakbondssecretariaten, medisch spreekuur, arbeidsbeurs en klachtenbureau – bracht ons inziens partijpolitiek en openbare dienstverlening gevaarlijk dicht bij elkaar. Gevaarlijk, omdat openbare dienstverlening voor de politiek niet geschoolde nieuwe kiezers op deze wijze gemakkelijk beschouwd kon gaan worden als een waar, die zij konden verkrijgen dankzij en in ruil voor hun steun – tot in het stemhokje toe – aan een bepaalde politieke partij. Deze ontwikkeling is niet alleen op rekening van de N.V.P. of van Dr. da Costa Gomez te schrijven. Zij was mogelijk dankzij het nagenoeg ontbreken van voorzieningen als hierboven aangegeven voor alle lagen van de bevolking. Tegelijkertijd was deze ontwikkeling een gevolg van de traditioneel paternalistische verhoudingen tussen werkgever en kerk enerzijds en de burger anderzijds. *Cas di Pueblo* groeide uit tot een permanent mobilisatie- en organisatie-instrument van Da Costa Gomez. De andere politieke partijen beschikten rond eind jaren veertig niet over een dergelijk partijinstrument. De nieuwe kiezers konden – zij het op kleine schaal – zien dat de N.V.P. daadwerkelijk zaken ondernam war zij behoefte aan hadden en hun voordeel mee konden doen. Dit schiep vertrouwen in de N.V.P.

Geen van de Curaçaose partijen had een hoge verwachting ten aanzien van het politieke inzicht van het nu door algemeen kiesrecht uitgebreide kiezerscorps. Debet aan dat gebrek aan inzicht waren het lage peil van het genoten onderwijs, het alfabetisme en het ontbreken van ervaring met de politiek. Da Costa Gomez onderscheidde zich van de andere politieke leiders in die zin dat hij de politiek niet-geëmancipeerde volksmassa wel rijp achtte voor politieke participatie. Scholing en verbetering van de sociale, de economische en de culturele voorzieningen zouden volgens Dòktor moeten leiden tot een Curaçao, dat daadwerkelijk bestuurd wordt door Curaçaoënaars uit alle sociale lagen. Da Costa Gomez' geloof in het politieke recht van de negroïde bevolkingsgroep sloot paternalisme van de zijde van de N.V.P. niet uit. Hij heeft echter op basis van zijn duidelijk getoond vertrouwen in de lagere bevolkingsgroepen in belangrijke mate bijgedragen tot vergroting van het zelfrespect van de eenvoudige man en vrouw op Curaçao.

De Democratische Partij stond evenals de Nationale Volkspartij onder leiding van *upper* en *middle class* blanken en mulatten.[124] Daarnaast hadden deze partijen een afkeer van de behoudzucht van het Koloniaal Bestuur en de R.K. missie gemeen. Het aantal personen van Nederlandse herkomst in de leiding was bij de D.P. aanmerkelijk groter dan bij de N.V.P., wat een verklaring kan zijn voor de grotere affiniteit met en de oriëntatie op de negroïde volksmassa bij de N.V.P. De Nationale Volkspartij was nationalistischer en progressiever dan de D.P. in die zin dat haar leiding duidelijk de materiële en geestelijke verheffing van de lagere klassen van Curaçao nastreefde en niet slechts een partij wilde zijn van verzet van de ene elitegroep (protestanten en Arabieren) tegen de andere elitegroep (katholieken).[125] Al in 1946 sprak Da Costa Gomez zijn vertrouwen in de zege van het volk uit:

> Wij krijgen de autonomie. Ons eigen Gouverneur en kabinet . . . [w]ij hebben gestreden en Curaçao zal een werkelijk Democratische kolonie worden . . . [d]e dag zal komen, waarop wij recht vooruit zullen loopen, omdat wij de mannen van de autonomie zijn. Wij zijn de generatie die de vrijheid heeft aangewakkerd. Wij zijn de sterke mannen, die na 300 jaren ons eigen Gouvernement hebben gevormd, om ons eiland vooruit te helpen'.[126]

De slagzin van *Nos Lucha* '*Nos ta Lucha cu victoria den vista*' [Wij strijden met de overwinning in zicht] betekende zoveel als de vertrouwenwekkende leus '*We shall overcome.*'

Rosario en Evertsz stellen dat Da Costa Gomez het 'lagere' deel van het Curaçaose volk het besef heeft gegeven van zijn politieke waarde door zijn steun te mobiliseren in de strijd om autonomie – in oorsprong een strijd van de hogere en middenklassen – en om algemeen kiesrecht.[127] Een verdienste van Da Costa Gomez was dat hij een abstract begrip als autonomie wist te vertalen in begrijpelijke en hoopgevende woorden als 'nos mes ta bai manda' [Wij gaan zelf besturen, zelf bepalen wat er gebeurt] en in concrete daden (*Cas di Pueblo*-activiteiten) waarmee hij het perspectief schetste van de vooruitgang die de autonomie teweeg zou brengen. De politieke daden van *Dòktor* kregen al vóór de eerste algemene verkiezingen een messianistische karakter.

De verkiezingsuitslagen

Op 17 maart 1949 werden onder de bepalingen van de gewijzigde Staatsregeling van mei 1948 en het in verband daarmee gewijzigde Kiesreglement (P.B. 1948 no. 126) in de Nederlandse Antillen de vierde verkiezingen voor de Staten gehouden. Voor het eerst werden alle (21) leden rechtstreeks gekozen op basis van algemeen mannen- en vrouwenkiesrecht. De verdeling der leden was als volgt: 8 leden voor Aruba, 8 voor Curaçao, 2 voor Bonaire, 1 voor St. Maarten, 1 voor St. Eustatius en 1 voor Saba. In de zes kieskringen werden de volgende aantallen kandidatenlijsten ingediend: Aruba 3, Curaçao 4, Bonaire 3, St. Maarten 1, St. Eustatius 2 en Saba 2. In onderstaande tabel wordt het aantal kiesgerechtigden en het aantal geldig uitgebracht stemmen aangegeven.

Tabel 2:

17 MAART 1949	KIESGERECHTIGDEN	GELDIGE STEMMEN
ARUBA	12.819	11.107
CURAÇAO	37.688	30.700
BONAIRE	2.224	1.752
ST. MAARTEN	578	Geen stemming
ST. EUSTATIUS	347	266
SABA	452	385

Bron: Verslag Nederlandse Antillen 1950, 9–10

De verdeling der stemmen over de diverse eilandelijke partijen was als volgt:[128]

Tabel 3:		
EILAND EN PARTIJ	STEMMEN	AANTAL ZETELS
ARUBA		
LIJST KWARTSZ	51	0
ARUBAANSE VOLKSPARTIJ	6.257	5
ARUBAANSE NATIONALE UNIE (UNA)	4.799	3
CURAÇAO		
NATIONALE VOLKSPARTIJ	13.224	4
DEMOCRATISCHE PARTIJ	10.006	3
KATHOLIEKE VOLKSPARTIJ	5.305	1
CUR. ONAFHANKELIJKE PARTIJ	2.165	0
BONAIRE		
LIJST T.M. MARCHENA	483	1
LIJST E.M. NEWTON	317	0
LIJST J.A. ABRAHAM	952	1
ST. MAARTEN		
LIJST W.R. PLANTZ	-	1
ST. EUSTATIUS		
LIJST G.F. CRUGER	169	1
LIJST P.H. MAAL	97	0
SABA		
LIJST W.G. BUNCAMPER	281	1
LIJST M. BERKENFELD	104	0

Gekozen werden Curaçao:[129] *(N.V.P. Mr. Dr. M. F. Da Costa Gomez, H.*
G. M. Pieters Kwiers, Mr. E. Cohen Henriquez en J. van Toorn; (D.P.) E.
Jonckheer, C. D. Kroon en H. L. Braam (met voorkeurstemmen); (K.V.P.)
Mr. I. C. Debrot; op Aruba: (A.V.P.) J. H. A. Eman, J. E. Irausquin, P. Croes,
J. Geerman en M.E. de Cuba; (UNA) F.B. Tromp, A.F. Dussenbroek en M.S.
Arends; op Bonaire: T.M. Marchena en L. D. Gerharts (met voorkeurstem-
men); op St. Maarten: M. R. Plantz; op St. Eustatius: G. F. Cruger en op
Saba: C. E. W. Voges (met voorkeurstemmen).[130]

Wanneer wij de uitslagen der stemdistricten op Curaçao (46)
bekijken, dan blijkt dat de achterban van de N.V.P. vooral te
vinden was in het oostelijk deel (Banda Ariba) en het westelijk
deel (Banda Abou) van Curaçao. In en rondom Willemstad was
het echter de D.P., de tweede partij in grootte, die de meeste
stemmen verwierf. Banda Ariba en Banda Abou waren in 1949 bij
uitstek woongebieden van de lagere sociale klassen, grotendeels
bestaande uit Afro-Curaçaoënaars. De grote steun die de N.V.P.
juist in deze plattelandsgebieden kreeg gaf duidelijk aan dat
de eenvoudige, sociaal-economisch zwakkere Curaçaoënaars
zich in belangrijke mate met de N.V.P. konden identificeren. De
D.P.-aanhang bestond behalve uit Afro-Curaçaoënaars rond
Willemstad uit Nederlanders, Surinamers en personen van andere
herkomst die – aangetrokken door de expanderende Shell-
raffinaderij en de toegenomen economische mogelijkheden –
zich in de jaren dertig en veertig op Curaçao hadden gevestigd.

De Nationale Volkspartij kwam als winnaar van de
stembusstrijd te voorschijn. Deze partij behaalde op Curaçao
het grootste aantal zetels en kon, daar de drie gekozen
Bovenwinders W. R. Plantz, G. F. Cruger en C. E. W. Voges,
allen ambtenaar, met de N.V.P. verbonden waren, beschikken
over 7 van de 21 Statenzetels.   Het geringe succes van de
Katholieke Volkspartij (één zetel) liet zien dat de teruggang
van het katholicisme als politieke stroming in 1945 zich na de
invoering van het algemeen kiesrecht krachtig had voortgezet.
De intellectualistische C.O.P. die voortkwam uit de Nederlandse
protestantse ambtenarenstand en het hogere Shell-kader, heeft

geen Statenzetel weten te behalen. Dit moet geweten worden aan het ontluikende nationalisme en aan het feit dat voor een zetel op Curaçao een aanzienlijk aantal stemmen vereist was; de groep waarop de C.O.P. zich richtte was eenvoudig te klein. De Democratische Partij behaalde drie zetels en moest haar positie als grootste partij van Curaçao afstaan aan de N.V.P.

Hoewel er algemeen kiesrecht was, was er van een evenredige vertegenwoordiging tussen de aantallen kiezers der eilanden geen sprake. Een stem van Aruba had ongeveer drie maal zoveel waarde als een van Curaçao: Aruba vaardigde met 12.819 kiesgerechtigden namelijk evenveel leden naar de Staten af als Curaçao met haar 37.688 kiesgerechtigden. Deze onevenredigheid treedt nog duidelijker naar voren bij vergelijking van de Bovenwindse Eilanden en Curaçao. Lijst Cruger van St. Eustatius vaardigde met 169 stemmen hetzelfde aantal Statenleden, namelijk één, af als de K.V.P. van Curaçao met 5.305 stemmen. Wij zullen later zien dat bij de formulering van de adviezen van de Staten over de ontwerpinterim-regeling de kwestie van de zetelverdeling fundamenteel ter discussie wordt gesteld.

DEEL II

PARTIËLE AUTONOMIE IN DE PRAKTIJK

HOOFDSTUK 3

HET PARLEMENTAIRE
KABINET – DA COSTA GOMEZ

De formatie

Dr. da Costa Gomez werd als leider van de winnende
Curaçaose partij door Gouverneur Peters verzocht een
voordracht in te dienen van kandidaten voor een College
van Algemeen Bestuur dat zou kunnen rekenen op een vaste
meerderheid in de Staten.[131] Dit zou dan het tweede C.A.B. zijn.
Het eerste C.A.B., op 21 augustus 1948 door de Gouverneur
benoemd, bestond grotendeels uit politici en notabelen uit de
vooroorlogse periode. Dit college had tot taak het kiesreglement
conform de bepalingen van de gewijzigde Staatsregeling
te wijzigen. Het nieuwe kiesreglement werd op 14 oktober
door de Staten aangenomen. Ten aanzien van het College van
Algemeen Bestuur werd in de Gewijzigde Staatsregeling van
21 mei 1948 bepaald dat het benoemd zou worden door de
Gouverneur na overleg met de Staten, de Raad van Advies (de
opvolger van de Raad van Bestuur) gehoord (Artikel 68 lid 3).
Het College moest bestaan uit ten hoogste zes leden en had een
zittingsperiode gelijk aan die der Staten. De werkzaamheden
van het College werden in de Derde en Vierde Afdeling van
Hoofdstuk III als volgt beschreven:

> Het C.A.B. werkt met de gouverneur mede bij de
> uitoefening van diens algemeen bestuur over Curaçao.
> [lees Antillen] Wanneer de gouverneur het College
> bijeenroept, bekleedt hij het voorzitterschap. Aan de
> leden van het C.A.B. wordt door de gouverneur de

uitoefening van de uitvoerende macht opgedragen overeenkomstig het bepaalde in artikel 29.[132]

Artikel 29 luidde:

> De Gouverneur oefent, in naam en als vertegenwoordiger der Konings en met inachtneming van de voorschriften van deze wet, het algemeen bestuur uit over Curaçao. Hij oefent het algemeen bestuur uit met medewerking van het C.A.B. Ten aanzien van onderwerpen, waarbij Nederland, Nederlands-Indië of Suriname in belangrijke mate is betrokken, neemt Gouverneur 's-Konings aanwijzingen in acht. De Gouverneur is bekleed met de uitvoerende macht en zal de uitoefening daarvan, met behoud van zijn verantwoordelijkheid, als regel aan leden van het C.A.B opdragen. De Gouverneur is voor zijn doen en laten verantwoordelijk aan de Koning.

Verder werd bepaald dat de leden van het C.A.B. als regel als bestuurgemachtigden in de Staten zouden optreden. Kasteel deelt ons het volgende mede:

> Uit redactie en toelichting van de artikelen, handelende over het C.A.B. bleek dat het de bedoeling was, dat dit nauw en innig zou samenwerken met de Gouverneur, waarbij deze geacht werd voor ogen te houden dat het C.A.B. bestemd was om binnen afzienbare tijd uit te groeien tot zelfstandig, aan de volksvertegenwoordiging verantwoordelijk orgaan.[133]

Formateur Da Costa Gomez had, aldus *Beurs*, op een bijeenkomst van de besturen van de N.V.P. en de A.V.P. op 21 maart in hoofdzaken aangaande een politieke samenwerking

overeenstemming bij de twee partijen geconstateerd.[134] De A.V.P.-
leider Henny Eman had zich onmiddellijk na de verkiezingen in
verbinding gesteld met Da Costa Gomez. De A.V.P. was met vijf
van de acht zetels de grootste partij van het zusterland Aruba.
Beide partijen kenden een sterk charismatische leiderschapsstijl
met de daarbij behorende chaotische organisatievorm. Da Costa
Gomez had tijdens de RTC van 1948 en in de Commissie Van
Poelje begrip getoond voor de Arubaanse wens naar autonomie
ten opzichte van Curaçao en zijn medewerking verleend aan de
realisatie van het gelijke aantal zetels voor Aruba en Curaçao.[135]
De A.V.P. had echter in 1945 samen met de Democratische
Partij verkiezingscampagne gevoerd en had tussen augustus
1948 en maart 1949 weer samen met de D.P. een uitgesproken
oppositionele rol vervuld tegen het C.A.B. – Statius Muller. De
A.V.P. was namelijk van mening dat de twee Arubanen in dat
C.A.B. – J. R. Arends en R. J. Beaujon Jr. – niet het vertrouwen
van de Arubaanse bevolking genoten.

Een coalitie tussen N.V.P. en de Katholieke Volkspartij was
in 1949 zeer onwaarschijnlijk gelet op de wijze waarop van
katholieke zijde de verkiezingscampagne tegen de 'verrader'
en 'dictator' gevoerd was. Da Costa Gomez heeft tijdens zijn
formatie frater Radulphus gepolst voor een plaats in het College;
deze toenaderingspoging liep op niets uit omdat de bisschop van
Willemstad geweigerd had hiervoor toestemming aan de frater
te geven.[136] De Arubaanse partij U.N.A. waarin de katholieke
invloed groot was, lag vanwege de banden met de K.V.P. zeker
niet voor de hand als mogelijke coalitiepartner van de N.V.P.
De D.P., waartegen de N.V.P. een felle campagne gevoerd
had, werd in N.V.P.-kring als een radicale, obstructionistische
partij beschouwd waar niet mee samen te werken viel.[137] De
rivaliteit tussen deze partijen was overigens te groot voor een
samenwerking.

Een coalitie van de N.V.P. met de D.P., de K.V.P. en de U.N.A.
moest om bovengenoemde redenen als zeer onwaarschijnlijk
worden geacht. Vanwege de sympathie van het A.V.P.-lid

J.E. Irausquin voor de D.P. – te denken valt aan zijn opstelling tijdens de RTC – kon niet van alle A.V.P.-leden de houding na de vorming van een N.V.P./A.V.P.-coalitie gemakkelijk worden voorspeld.[138] Naar aanleiding van een gesprek met de formateur schreef *Beurs* op 23 maart dat:

> Indien deze 'coalitie' in haar geheel [A.V.P. 5, N.V.P. 4 en Bovenwinden 3] slaagt dit blok over 12 zetels in de Staten beschikt, tenminste als het lid J. E. Irausquin (A.V.P.), een vroegere sympathisant van de Democraten, de laatsten loslaat, hetgeen vermoedelijk het geval is.

Uiteindelijk wist Da Costa Gomez een coalitie aan te gaan met de A.V.P., de lijst van Marchena van Bonaire en de drie Bovenwinders en zich te verzekeren van een totaal van 13 van de 21 zetels.

De oude Staten: voortekenen van verzet

De laatste vergaderingen van de Staten in de oude samenstelling, die plaats hadden in maart en april 1949, gaven een voorproef van wat er in de toekomst te verwachten viel in de verhouding tussen de diverse partijen. Het eerste voorteken had te maken met de werkzaamheden van de Geloofsbrievencommissie. Deze commissie bestond uitsluitend uit D.P.-leden; C. W. J. Jonckheer en Mr. A.A.G. Smeets waren benoemde Statenleden en Mr. S. W. van der Meer was een gekozen lid en tevens voorzitter van de commissie. Van de 21 goed te keuren geloofsbrieven, werden op 31 maart[139] elf goedgekeurd en op 11 april nog eens vier in orde bevonden.[140] Tijdens deze laatste bijeenkomst meende deze commissie echter niet tot toelating te kunnen adviseren van Mr. E. Cohen Henriquez, C. E. W. Voges, P. Croes, J. Geerman, J. H. A. Eman en M. E. de Cuba, allen N.V.P.-ers en A.V.P.-ers. Zij baseerde haar oordeel op de overweging dat de geloofsbrieven van Mr.

E. Cohen Henriquez ingediend waren door het Statenlid Philip Cohen Henriquez op grond van een niet gewaarmerkt, d.i. door een telegraaffunctionaris geparafeerd, machtigingstelegram van E. Cohen Henriquez uit Parijs. Evenmin bleek volgens de commissie uit de overgelegde stukken van C. E. W. Voges dat de gekozene inderdaad zijn verkiezing aanvaard had, omdat ook deze niet vergezeld waren van een gewaarmerkt telegram.

Tenslotte vond de commissie dat de geloofsbrieven van de vier A.V.P.-leden door Da Costa Gomez ingediend waren zonder dat hij een schriftelijke machtiging daartoe kon laten zien. Naar aanleiding van deze commissie-uitspraak ontspon zich een debat tussen deze Democraten de N.V.P.-ers Da Costa Gomez en Plantz. De commissie verlangde een paraaf van de telegraaffunctionaris als een 'eis van rechte' ten aanzien van 'document, welke tot bewijs van enig feit moeten dienen.'[141] Da Costa Gomez en Plantz beriepen zich op het feit dat het Kiesreglement geen eisen stelde aan de telegrammen waarmee gekozenen de aanvaarding van hun verkiezing kenbaar konden maken. Dòktor verklaarde dat hij met zijn mondelinge verklaring meer zekerheid kon geven over de machtiging door de Arubanen dan een stuk papier en vond dat er sprake was van wantrouwen van de zijde der commissie. Daarna verlieten twee Democraten, waaronder de commissievoorzitter, de vergadering. Hierdoor kwam het quorum te ontbreken en moest voorzitter E. A. Römer de vergadering sluiten.[142]

In de Statenvergadering van 12 april waarom door Da Costa Gomez, Plantz en Eman gevraagd was, trokken C. W. J. Jonckheer en Van der Meer zich terug uit de geloofsbrievencommissie omdat, naar hun zeggen, de commissie andere motieven werden toegedicht dan zij had. De nieuwe, breder samengestelde, geloofsbrievencommissie keurde alsnog de zes geloofsbrieven goed en gaf de Staten in overweging deze gekozenen toe te laten.[143] Inmiddels hadden de Staten van de telegraaffunctionaris een bevestiging gekregen van de telegrammen van Cohen Henriquez en Voges.

Naast deze geloofsbrievenkwestie gaf de toespraak van Henny Eman tijdens de vergadering van 12 april 1949 ook het nodige te vrezen voor de toekomstige samenwerking in de Staten. Eman zei ter afscheid aan deze oude en deels benoemde Staten:

> Ik beschouw de oude Staten als een 'mal,' een heel erge ziekte. En ik ben blij, dat daar een einde aan is gekomen. Aruba althans is in de oude Staten genoeg geplaagd geworden, Mijnheer de Voorzitter. Ik hoop, dat in de nieuwe Staten Aruba direct gerehabiliteerd zal worden. . . . De eerste voorwaarde voor de coalitie van de Arubaanse Volkspartij met de Nationale Volkspartij was dan ook: rehabilitatie van Aruba in verband met de plagende houding van de Staten.[144]

Het verzet tegen het College – Da Costa Gomez

Op 3 mei 1949 vond de eerste Statenbespreking van de voordracht voor het College van Algemeen Bestuur plaats.[145] Deze bijeenkomst was verzocht door de heren Debrot (K.V.P.), Jonckheer (D.P.), Dussenbroek en Tromp (U.N.A.) die van mening waren dat sinds de installatie van de nieuwe Staten op 19 april en het overleg tussen de Staten en de formateur op 21 april teveel tijd voorbij was gegaan voordat zij iets vernamen van een benoeming van het College. De voor het College voorgedragen personen waren: R. J. Beaujon Jr., Mr. M. F. da Costa Gomez, C. A. Eman, Drs. E. M. Newton, W. R. Plantz en E. A. Römer.[146] Vóór de behandeling van de voordracht vroeg de heer E. Jonckheer om hoofdelijke stemming over het advies van de drie Vaste Statencommissies voor de voordracht voor voorzitter en ondervoorzitter van de Staten.[147] Deze voordracht was als volgt:

- voor het voorzitterschap – 1. Mr. E. Cohen Henriquez, 2. L. D. Gerharts

- en voor het ondervoorzitterschap – 1. C. E.W. Voges, en 2. A. F. Dussenbroek.

Nadat de stemmen over het voorstel-Jonckheer staakten – Irausquin en Croes van de A.V.P. stemden als enigen van de coalitie mee met de oppositie van de K.V.P., de D.P. en de U.N.A. – ontspon zich een fel debat tussen de D.P. en de fungerende voorzitter Plantz over de wenselijkheid van een schriftelijke stemming in de openbare Statenvergadering in plaats van in de besloten zittingen van de gezamenlijke Statencommissies. Plantz bleef zich verzetten tegen een stemming in de Statenvergadering en liet de publieke tribune, waar vandaan applaus voor de D.P.-eis weerklonk, zonder een waarschuwing ontruimen. Met betrekking tot de C.A.B.-voordracht kreeg Debrot als eerste het woord.[148]

Debrot achtte het voorgedragen College een 'club van politieke avonturiers' en meende dat het proefhuwelijk tussen de N.V.P. en de A.V.P. tot een drama zou leiden waarin Curaçao het gelag zou betalen. Voorts vond hij de basis van het voorgestelde bestuur te smal: de coalitie had met voorbedachten rade de vertegenwoordigers van de grote meerderheid van de bevolking van het bestuur uitgesloten.[149] De K.V.P. gaf de voorkeur aan een extraparlementair kabinet, liefst met niet-politieke deskundigen. Ook Jonckheer hekelde de smalle basis van het College en verbond aan het uitsluiten van de andere partijen bepaalde consequenties waar hij pas na de benoeming op terug wenste te komen.[150] Verder stelde hij voor een brief van de Staten aan de Gouverneur te richten waarin op een snelle benoeming van een College zou worden aangedrongen. Dit voorstel namen de Staten over. Gerharts (Bonaire) vond de voorgedragen Collegeleden 'niet onkreukbaar, niet capabel en niet eerlijk.'[151] Dussenbroek meende dat de aanwezigheid van vier ambtenaren in het C.A.B. tot scheve verhoudingen zou leiden wanneer deze boven hun huidige chefs kwamen te staan.[152] Zijn partijgenoot Tromp stelde dat er niet van een vaste meerderheid van de coalitiepartijen gesproken kon worden omdat er zoveel geschilpunten bij deze partijen bestonden. Van de namens Aruba optredende Collegeleden vond hij één niet capabel (E. A. Eman) en de ander niet acceptabel wegens zijn jarenlange verblijf op Curaçao (R. J. Beaujon Jr.).

Da Costa Gomez vroeg in zijn reactie om een eerlijke kans voor het College en noemde Debrots pleidooi voor eerlijke harde werkers en geen politici, een romantisch betoog dat voorbij ging aan het feit dat in de moderne wereld zaken van een land 'krachtens het beginsel van partijvorming en staatkundige organisatie bekrachtigd worden.'[153] Met betrekking tot de algemene roep om een bredere basis van een coalitie zei Dòktor dat:

> wanneer er voldoende basis voor een samenwerking, voor een besluitvaardigheid is, het voldoende is, dat er een meerderheid in het parlement achter het College staat.[154]

De heer Irausquin (A.V.P.) verraste de vergadering door zich tegen het voorgedragen College te verklaren; hij stelde dat tijdens de formatie uitsluitend partijbelangen gegolden hebben en dat de beste krachten uit de Antillen daarbij gepasseerd waren.[155] Jonckheer deed vervolgens de toezegging na de benoeming van het C.A.B. met een motie van wantrouwen te zullen komen om tegenover de kiezers duidelijk te maken wie het C.A.B. wel en wie het niet ondersteunde. Eman verklaarde dat hij tijdens de formatie de eis van zijn partijgenoot Irausquin om zijn twee neven C. Irausquin en A. D. Jonckheer in het College te doen opnemen had willen inwilligen, maar dat dat idee verlaten werd toen Irausquin met het bericht kwam dat de Democratische Partij dat niet wilde hebben.[156] Irausquin zei in reactie op Eman dat hij zich van Henny Eman had gedistantieerd omdat deze op dictatoriale wijze een plaats in het College voor zijn zoon E. A. Eman had opgeëist.[157] Marchena benadrukte de brede basis van het College die daarin tot uiting kwam dat twee personen (Römer en Beaujon) niet tot een der politieke partijen behoorden, en dat er voor het eerst in een College ook Bonaire (middels Newton die op zesjarige leeftijd naar Curaçao verhuisd was!) en de Bovenwindse Eilanden (Plantz) vertegenwoordigd waren.[158]*Amigoe* schreef in het commentaar op deze eerste zitting van de nieuwe Staten dat er een 'wedloop naar machtsdrang' heerste tussen de N.V.P. en de D.P. Zij veroordeelde de 'politieke onverdraagzaamheid' en 'de sfeer van onbegrijpen en latente rivaliteit' en riep op tot respect voor elkanders politieke opvattingen.[159]

Eén dag vóór de benoeming van het voorgedragen C.A.B. verloor de coalitie in de tweede vergadering van de Staten nog één stem en kwam zij te steunen op 11 van de 21 stemmen. Op deze vergadering, 9 mei, waren twee leden van de coalitiepartijen, Geerman en Cohen Henriquez, en het U.N.A.-lid Arends afwezig zodat de getalsverhouding tussen coalitie en oppositie 9 tegen 9 was. Twee opmerkelijke zaken deden zich voor tijdens deze vergadering. In de eerste plaats zette de oppositie nog een stap in de richting van een motie van wantrouwen toen Debrot voorstelde de gouvernementsdepêche van 9 mei 1949, waarbij de benoeming van het College van Algemeen Bestuur aan de Staten werd medegedeeld, ten behoeve van een openbare behandeling te verwijzen naar de Eerste Vaste Commissie in plaats van deze voor kennisgeving aan te nemen.[160] Da Costa Gomez maakte bezwaar tegen deze ongebruikelijke gang van zaken en wenste terstond de eventuele opmerkingen van de heer Debrot op de gouvernementsmededeling te vernemen. De D.P. viel de heer Debrot bij. De heer Kroon zei het volgende:

> Ik voor mij denk, dat, indien deze Staten zich hebben uit te spreken over dat College, zij dat meer vrijelijk kunnen doen, wanneer de betrokkenen [Da Costa Gomez en

Plantz die in het College benoemd zouden worden] niet meer als gelijkwaardigen aan de tafel neerzitten.[161]

Da Costa Gomez die zich wel kon vinden in de argumenten van de heer Kroon maar niet in de woorden van Debrot ('morgen eendrachtig aan tafel zitten'), trok toen zijn voorstel in om het desbetreffende stuk voor kennisgeving aan te nemen. Ten tweede bleek bij de schriftelijke stemming over de voordracht voor het voorzitterschap der Staten waar de heren Kroon en Jonckheer om verzocht hadden, dat tien van de achttien aanwezige Statenleden vóór de oppositiekandidaat Irausquin stemden. Irausquin werd Statenvoorzitter.[162] Onduidelijk bleef toen wie naar de oppositie overgelopen was. In een commentaar op de benoemingen van het C.A.B. maakte *Amigoe* gewag van 'koehandel en verpolitiekte ambtenarij,' 'baantjesjagerij voor enkele ambtenaren' en trok de capaciteit en integriteit van voorgedragen leden in twijfel.[163] Voor *Amigoe* was de zetelverdeling zoals die in de Staatsregeling was vastgesteld de belangrijkste reden om het N.V.P./A.V.P.-pact af te wijzen:

> zolang als de verdeling der zetels niet evenredig is en Aruba en de Bovenwinden met een handjevol kiezers meer kunnen uitrichten dan een overweldigende meerderheid van kiezers op Curaçao dat kunnen doen, zullen wij de coalierende [!] meerderheid van N.V.P. en de A.V.P. in de Staten niet als zodanig kunnen erkennen.[164]

Het katholieke weekblad *La Union* bekritiseerde ook de smalle basis van het C.A.B., daarbij voorbijgaand aan het feit dat de bisschop frater Radulphus er van weerhouden had zitting te nemen in het C.A.B.[165]

In de eerstvolgende vergadering van 23 mei bleek dat de coalitiepartijen in hun geheel weggebleven waren. Daar het vereiste quorum ontbrak beperkten de oppositiepartijen zich tot enkele opmerkingen naar aanleiding van dit vreemd gebeuren.[166] Kroon noemde het wegblijven van de regeringspartijen het bewijs dat formateur Da Costa Gomez niet gehandeld had in overeenstemming met zijn opdracht, namelijk een College te vormen, dat kon steunen op een vaste meerderheid. Gerharts deelde mee te hebben vernomen dat de heren Da Costa Gomez en Marchena in de nacht volgend op de stemming voor het voorzitterschap in de prullenmand waren gaan zoeken naar de snippers van de stembriefjes. Hij hekelde deze inbreuk op de geheimhouding en zei in de nederlaag van de regeringspartijen in de geheime stemming het bewijs te zien dat het C.A.B. op vrees rustte. Hierom mocht het College geen minuut langer bestaan, aldus Gerharts. De heer Dussenbroek maakte bekend dat de heer Croes zich bij de Arubaanse oppositie had aangesloten, waardoor de A.V.P. nu drie zetels overhield. Deze mededeling gaf uitsluitsel over de vraag wie op 9 mei naar de oppositie was overgelopen.

Ook op 25 mei waren de coalitiepartijen afwezig. Wel ontvingen de Staten een brief van de fractieleider van de N.V.P., Van Toorn, waarin deze verklaarde waarom de N.V.P. niet op de vergadering zou verschijnen. Van Toorn voerde ter verklaring aan dat de heer Voges (Saba) niet tijdig bericht van de Staten ontvangen had, dat de A.V.P. niet ter vergadering wilde komen, dat er twee vacatures ontstaan waren in de N.V.P.-fractie – de plaatsen van Da Costa Gomez en Plantz – en dat twee fractieleden – Cohen Henriquez en Geerman – nog niet op Curaçao gearriveerd waren.[167] Gerharts vond dat:

> deze mensen hun onmacht (behoren) te erkennen en naar de Staten van de Nederlandse Antillen te komen om te horen, dat zij het vertrouwen van die Staten niet hebben.[168]

Voorts zei Gerharts dat hetzelfde woordje 'nationaal' in de N.V.P. zit als in Duitsland en in Nederland door de nationaal-socialisten gebruikt werd. Niét Irausquin en Croes, maar de

A.V.P. was ontrouw geweest aan haar programma door zich te verbinden met de N.V.P., stelde Gerharts. De heer Kroon achtte de tijd gekomen om de Gouverneur mede te delen dat dit C.A.B. naar huis moest gaan ter doorbreking van de gerezen impasse.

Het verweer en de val

De regeringspartijen verschenen wel op de vergadering van 9 juni waar de heren Cruger, Voges en Pieters Kwiers om verzocht hadden.[169] Het belangrijkste ingekomen stuk was een op initiatief van E. Jonckheer opgestelde en door negen Statenleden ondertekende brief aan de Gouverneur.[170] Deze Statenleden stelden dat 'de N.V.P. dictatoriaal wilde regeren' omdat zij alleen aan vergaderingen wil deelnemen waarin de coalitie de meerderheid heeft en verwacht dat de oppositie aan de coalitie de gelegenheid moet bieden een meerderheid te vormen. Voorts meende de oppositie dat de formateur geen ernstige poging had gedaan een C.A.B. op een zo breed mogelijke basis te vormen:

> De heer Gomez, die geacht mag worden Curaçao door en door te kennen had moeten begrijpen, dat dit College een fiasco zou worden. Slechts zijn drang naar alleenheersen heeft hem voorzichtig doen worden en de boomerang, die hij heeft weggeworpen, komt op de plaats van uitgang terug.[171]

De negen leden gaven de Gouverneur het advies over te gaan tot aanwijzing van een andere formateur die een College met een bredere basis moest samenstellen. Na de voorlezing van deze brief diende de heer Jonckheer een motie van wantrouwen in 'om de steen des aanstoots' te verwijderen. In deze Jonckheer-motie werd de eenzijdige samenstelling van het C.A.B. en het ontbreken van een 'vaste' meerderheid in de Staten aangeduid als de redenen voor deze zet van de oppositie. In een stemverklaring verweest Gerharts naar Hitlers *Mein Kampf* en zie:

> Als wij dit boek eens bekijken, Mijnheer de Voorzitter, en als wij daarin eens gaan zoeken, of er punten van overeenstemming zijn tussen de stellingen van Hitler en de daden en stellingen van de heer Da Costa Gomez, dan springen er direct een aantal in het oog.[172]

Gerharts kwam tot de volgende opsomming: *Mein Kampf, Nos Lucha*; Hitler-Jugend, Gomez-jeugd; Hitlers lijfwacht, Gomez' lijfwacht; Hitler-leiders, Gomez'-leiders; Braune Haus, *Cas di Pueblo*; het op het matje roepen van ambtenaren omdat zij niet aangesloten waren bij Gomez en tenslotte Hitlers 'Leibstandarte Adolf Hitler,' de oefeningen van 60 mannen op Coral Tabak (met stokken). De enige reactie op de woorden van Gerharts kwam van Dussenbroek die verklaarde 'nog onder de indruk van de woorden van de heer Gerharts' te zijn en daar een voorbeeld aan toevoegde van een persoon op Aruba die zijns inziens om politieke redenen op het matje geroepen was.[173]

De heer Voges deelde in zijn pleidooi tegen de Jonckheer-motie de Statenvoorzitter het volgende mee:

> De Staten hebben in het verleden, sinds hun instelling, vermeden, dat minderheden en meerderheden kunstmatig werden gekweekt. Daarom is in het verleden elke vergadering opgeroepen op een tijdstip, dat de leden aanwezig hebben kunnen zijn. Laatstelijk weden de vergaderingen van de Staten voor de goedkeuring der geloofsbrieven opzettelijk verdaagd, opdat een op Aruba wonend lid de vergadering kon bijwonen (*Laclé*).[174]

Voges wees Irausquin er vervolgens op dat:

> [R]eeds uit de brief van de heer Van Toorn van 25 Mei
> jl. blijkt, dat naar onze (N.V.P.) mening voordrachten
> van personen, die gewichtige Staatsfuncties moeten
> bekleden, moeten gescheiden in vergaderingen van
> de Staten, waarin de Statenleden zo voltallig mogelijk
> aanwezig zijn.[175]

Het ging de N.V.P. in dit verband primair om de voordracht
voor Vertegenwoordiger in Nederland en secundair om
de voordrachten voor de leden van de Adviescommissie
Volkswoningbouw, waar zij coalitiekandidaten voor beschikbaar
had gesteld. De heer Cruger verweerde zich ook tegen de motie
van de oppositie. Het verwonderde hem dat de Staten een motie
indienden tegen een College op instelling waarvan de Staten zelf
hadden aangedrongen. Hij vroeg of het College bestuursdaden
verricht of een programma ontvouwd had, waartegen de Staten
principiële bezwaren had. Cruger oordeelde dat er kunstmatig
politieke problemen geschapen werden omdat de meerderheid
toevallig niet aanwezig kon zijn.[176] De motie van wantrouwen
werd met negen tegen zes stemmen aangenomen. Tegen
stemden de heren Kwiers, Cruger, Voges, Marchena, Geerman
en De Cuba. Hierna verklaarde Jonckheer dat de oppositie nu
een beslissing van het Bestuur zou afwachten. De oppositie, de
voorzitter uitgezonderd, verliet toen de vergaderzaal waardoor
het quorum kwam te ontbreken.
Amigoe keurde het weglopen van de oppositie na aanneming
van de motie af.[177] Zij meende dat het ter vergadering blijven
van de oppositie zou hebben geresulteerd in het in orde
bevinden van de geloofsbrieven van mevrouw De Lannoy en
de heer Buncamper. Na terugkeer van Cohen Henriquez uit
Europa zou, aldus speculeerde *Amigoe* verder:

> [E]en openbare Statenvergadering – al dan niet met
> medewerking van de oppositie – het gebeuren van

gisteravond weer ongedaan maken, m.a.w. het huidige
C.A.B. zou de guillotineslag weer betrekkelijk snel
te boven zijn gekomen . . . het wegstemmen van het
C.A.B., accoord. . . . Maar na de motie had men zeker
niet het quorum moeten breken.

Dit katholieke blad hekelde voorts het streven van de N.V.P.
naar consolidatie van haar machtspositie hetgeen tot uiting
kwam in:

a. de voordracht van Mr. Cohen Henriquez en Voges voor
het voorzitter- en ondervoorzitterschap der Staten, en

b. de voordracht van de N.V.P.-leden Bartels-Daal en Drs.
E. Newton voor de post van Vertegenwoordiger in
Nederland.

c. Als oorzaak van de ontstane situatie noemde Amigoe het
historisch bepaald gebrek aan verantwoordelijkheidsbesef
in de Antillen.

d. Het blad sprak de mening uit dat religieuze leiders
de natuurlijke leermeester in het groeiproces naar
verantwoordelijkheidsbesef op wereldschaal zijn;
politici waren dat slechts in de tweede plaats. Da Costa
Gomez was – door zijn doorsnijden van de banden
tussen de R.K. Kerk en het volk van Curaçao – er zelf
de oorzaak van dat deze ontwikkeling onder religieuze
leiding verbroken werd.[178]

De meerderheid van N.V.P./A.V.P.-coalitie in de Staten werd
op kunstmatige wijze verbroken. Eerst door het overlopen
van twee A.V.P.-leden, daarna doordat de opvolgers van Da
Costa Gomez en Plantz in de Staten niet geïnstalleerd konden
worden, eerst wegens het wegblijven van de regeringspartijen
zelf, daarna wegens de verbreking van het quorum door de
oppositie tijdens de vergadering van 9 juni, waar de motie
van wantrouwen werd aangenomen. De coalitie heeft er nog

over gedacht na de goedkeuring van de geloofsbrieven, deze motie met een motie van vertrouwen ongedaan te maken.[179] Het weglopen van de oppositie maakte een dergelijk herstel onmogelijk. De verbreking van de meerderheid tezamen met de motie van wantrouwen lieten de coalitiepartijen weinig anders over dan over te gaan tot indiening van het ontslag van het C.A.B. op 17 juni 1949, 37 dagen na de benoeming.

Na de ontslagaanvraag op 17 juni riep de N.V.P. alle werkenden (*trahadornan*) op tot een grote manifestatie op maandag 20 juni, 's ochtends bij de *Cas di Pueblo*. Velen zagen in deze oproep, die tevens gericht was tot het gehele Curaçaose volk, een oproep tot staking aangezien die bewuste dag een gewone werkdag was. De heer Pieters Kwiers trachtte op 20 juni 's avonds het ontstane tumult rond deze N.V.P.-oproep te bezweren met de verklaring dat de bijeenkomst slechts bedoeld was voor hen die daartoe in de gelegenheid waren en niet voor personen die moesten werken. Het feit dat de oproep mede gedaan werd in naam van een achttal door de N.V.P. beheerste vakbonden doet ons inziens vermoeden dat de N.V.P. meer beoogd had dan een bijeenkomst voor personen die op die maandag 'toevallig' vrij waren. Noch   *Beurs*, noch *Amigoe* was dan ook overtuigd door de verklaring achteraf van Pieters Kwiers.[180] Deze dagbladen vonden deze daad van de N.V.P. onvoorzichtig en onverantwoord.

Een evaluatie

Da Costa Gomez gaf pas op 2 juli zijn visie op de ontwikkelingen van maart tot juli schriftelijk prijs. In een ingezonden artikel in *Beurs en Nieuwsberichten*, getiteld 'Grondslagen en Scheidingslijnen,' reageerde *Dòktor* op enkele commentaren in Nederlandse bladen volgens welke de Antillen niet rijp zouden zijn voor politieke autonomie en het allemaal 'klein persoonlijk gedoe' was.[181] Da Costa Gomez vond deze opmerkingen onverdiend en stelde dat de politieke crisis op de Antillen andere oorzaken had. Ten eerste hadden velen, aldus

Dòktor, hun stemmen bij de verkiezingen verspeeld aan de Democratische Partij, die hij anti-Nederland gezind achtte. In de tweede plaats vond Da Costa Gomez dat er geen constructief politiek beleid te voeren was wanneer partijleden met hun partij braken om andere redenen dan gerezen verschillen in zedelijke en politieke beginselen. *Dòktor* dacht hierbij aan Irausquin en Croes. De N.V.P.-leider meende voorts dat 'de actuele principiële scheidingslijn in onze staatkunde parallel loopt met de scheiding der geesten t.a.v. het punt der verhouding met Nederland.'[182] Om bovenstaande reden vond hij het voor de hand liggen dat een wel omschreven regeringsprogramma ontworpen zou worden dat als uitgangspunt kon dienen voor de politieke hervormingen en het plaatselijk beleid evenals voor de nieuwe Ronde Tafel Conferentie. Da Costa Gomez benadrukte de wenselijkheid van: 'Een bestuur, steunende op een verklaring van beginselen en richtlijnen met betrekking tot vraagstukken, welke oplossing vragen.'[183]

Da Costa Gomez heeft bij het zoeken naar wat de politieke partijen op de Antillen van elkaar onderscheidde ten onrechte alleen de stellingname inzake de autonomie onder de loep genomen. Hiermee ging hij voorbij – overigens met voor zichzelf nadelige politieke gevolgen – aan de politieke machtstrijd tussen groepen op de eilanden Curaçao en Aruba. Zijn neiging om het gehele politieke gebeuren op de Antillen te beschouwen in het licht van 'het centrale probleem van de verhouding tot Nederland in het nieuwe Koninkrijk' vloeit, dunkt ons, voort uit Da Costa Gomez' totale gerichtheid op verwerving van autonomie voor de Antillen. *Dòktor* had, mede als gevolg van deze toewijding, weinig oog voor andere, soms wel degelijk principiële, standpunten in de Antillen ten aanzien van andere zaken dan het door hemzelf aangeduide centrale probleem. Hij heeft ons inziens te weinig of niet beseft dat er zelfs ten aanzien van de beantwoording van de vraag welke het centrale probleem was, geen consensus bestond; noch op Curaçao en Aruba, noch tussen Curaçao en Aruba.

Laten we allereerst stilstaan bij de formatie van Da Costa Gomez. Het gelijke zetelaantal voor Curaçao en Aruba waar Henny Eman naar streefde, werd met medewerking van Da Costa Gomez en de D.P. gerealiseerd. Deze verdeling week af van hetgeen Nederland had voorgesteld. De regering had de Statenzetels namelijk als volgt willen verdelen: Curaçao 11, Aruba 7, Bonaire 2 en de Bovenwinden 1. De zetelverhouding 8-8-2-3 bleek de Arubaanse partijen achteraf een groot gewicht te hebben gegeven bij de formatie van een C.A.B., in het bijzonder toen politieke meningsverschillen en persoonlijke antipathieën de grootste partij van Curaçao gescheiden hielden van de andere Curaçaose partijen.[184] Ons inziens moet Da Costa Gomez tijdens de formatie hebben geconstateerd dat Irausquin niet loyaal meewerkte aan het samengaan van de A.V.P. en de N.V.P. Hem was trouwens bekend dat Irausquin in februari 1948 samen met de Democraten weggelopen was van de RTC, terwijl Albert Eman – zoon van Henny Eman – in Nederland bleef om voor de Arubaanse zaak te pleiten. *Dòktor* was eveneens op de hoogte van het feit dat Irausquin, een neef van E. Jonckheer en A. D. Jonckheer, sterke sympathieën koesterde voor de Democratische Partij. Irausquins weigering in 1948 om een A.V.P.-protestbrief tegen de opstelling van de D.P. inzake het Arubaanse vraagstuk te ondertekenen, kon ook moeilijk aan Da Costa Gomez zijn ontgaan.

Zou Da Costa Gomez zich hebben verzoend met de mogelijkheid van een terugvallen naar een 12 – 9 stemmenverhouding in de Staten bij het overlopen van Irausquin? Hij kan hebben geredeneerd dat ook deze stemmenverhouding onder gelijkblijvende omstandigheden de regeringspartijen een 'voldoende' grote meerderheid in de Staten gaf. Op 26 mei 1949 verklaarden Eman en de N.V.P. dat Irausquin de vergadering in *Cas di Pueblo*, waar de voordracht van leden voor het C.A.B. besproken werd, verlaten had uit protest tegen het feit dat zijn neven niet werden voorgedragen.[185] In de Statenvergadering van 17 juli gaf Irausquin nader uitleg over zijn opstelling ten aanzien van het College-Da Costa Gomez. Hij formuleerde het als volgt:

> Ik heb nooit tot die coalitie behoord, die ik als een verraad aan ons volk beschouw hetgeen ik ook aan de zg. leider heb gezegd. Ik heb hem gezegd, dat ik, aangezien hij met de principes breekt door die coalitie te ondertekenen en de Interim-regeling te accepteren, terwijl wij het volk tijdens de verkiezingscampagne juist het tegengesteld hebben beloofd – wij hebben tijdens de verkiezingscampagne als enig programma gehad: het plan-Van Poelje – dat als een verraad aan ons volk en aan het ideaal van ons beschouwde en dat ik daarom het coalitiepact niet zou tekenen; ik heb dat dan ook niet gedaan. Men kan moeilijk spreken van coalitieleden. Evenmin zijn wij overgelopen naar de een of andere partij . . . wij zijn vrij gebleven.[186]

Voor een bespreking van het plan-Van Poelje en de meningen omtrent de Interim-regeling verwijzen wij naar hoofdstuk vijf.

De Democratische Partij was – overigens om andere redenen dan Irausquin – na de val van het College gedurende nog lange tijd tegen de Interim-regeling gekant. Henny Eman meende goede reden te hebben om de coalitie met de N.V.P. te sluiten; Da Costa Gomez had het Arubaanse streven naar een 8-8 zetelverhouding steeds gesteund. Bovendien had de A.V.P. intern de afspraak gemaakt om na de verkiezingen met de grootste partij van Curaçao samen te werken.[187] Het overlopen van Croes was voor de regeringspartijen en de pers een nog grotere verrassing dan dat van Irausquin.[188] Tot de erosie van de meerderheid van N.V.P./A.V.P. in de Staten had in de tweede plaats het langdurig verblijf in het buitenland van Mr. E. Cohen Henriquez – vanaf de installatie van de nieuwe Staten op 19 april tot 7 juli – en de afwezigheid wegens ziekte van Geerman – van 9 mei tot 9 juni – bijgedragen. Het verblijf in het buitenland van het nieuwe Statenlid Cohen Henriquez gedurende ruim vijftien weken doet onverantwoord aan. Door de langdurige afwezigheid van de twee genoemde leden en het niet toelaten van mevrouw De Lannoy en de heer Buncamper tot de Staten was de omvang van de coalitie tijdelijk geslonken tot 7 zetels tegenover 10 van de oppositie. Na de nederlaag van 9 mei vreesde de coalitie dat de oppositie haar tijdelijke meerderheidspositie zou gebruiken om oppositiekandidaten te benoemen op posten waar de N.V.P. eigen kandidaten wilde hebben. De coalitiepartijen bleven daarom op 23 en 25 mei weg. Zeker geen toonbeeld van parlementair handelen! De oppositie reageerde hierop, ironisch genoeg op initiatief van de D.P. die zich gewoonlijk het felst tegen het koloniaal bestuur kantte, met een schrijven aan de Gouverneur waarin zij hem wees op het feit dat hij krachtens de Staatsregeling nog steeds verantwoordelijk was voor het bestuur.

Er is vast te komen staan dat Da Costa Gomez enige – misschien niet voldoende naar de mening van de oppositie – pogingen gedaan had om te komen tot een bredere coalitie dan die van de N.V.P. en de A.V.P. Hieromtrent heeft Cohen Henriquez het volgende gezegd:

> [A]lleen practisch waren de tegenstellingen bij de eerste formatie zo groot, dat de formateur Da Costa Gomez van enige kanten, waar hij steun zocht, deze niet vond, aangezien men er tegenop zag om met andere fracties van de coalitie samen te werken. De formateur meende toen, dat de enige practisch te vormen parlementaire meerderheid bestond uit de N.V.P.-A.V.P.-coalitie.[189]

Wanneer wij ons de vele tegenstellingen tussen de partijen in herinnering oproepen, dan moeten wij vaststellen dat formateur Da Costa Gomez weinig keuzemogelijkheden heeft gehad. Anderzijds constateren wij dat Da Costa Gomez in zekere mate heeft bijgedragen aan de verwijdering tussen de partijen. In de eerste plaats getuigde de voordracht en de handhaving van de door velen niet capabel geachte Albert Eman en de jonge onervaren econoom E. M. Newton als Collegeleden van een te autocratische denkwijze bij Dòktor en Henny Eman. Tegelijkertijd moet betwijfeld worden of de oppositie het C.A.B. zou hebben aanvaard wanneer de formateur één van beide of beide personen vervangen had.[190]

Ten tweede vervreemde de N.V.P.-leider de oppositie van zich door alleen eigen kandidaten voor te dragen voor de functies van voorzitter en vicevoorzitter der Staten en Vertegenwoordiger in Nederland. Deze dreigende machtsconcentratie bij de N.V.P. en de A.V.P. maakte de oppositiepartijen, die in de zich nu deels zelfbesturende Antillen alle een groter aandeel in de machtsuitoefening wilden hebben, dermate bang dat zij hun toevlucht namen tot weinig elegante strijdmiddelen. Da Costa Gomez legde zoals gewoonlijk zeer sterk de nadruk op een goede verstandhouding met Nederland en probeerde intern de politiek te beheersen door N.V.P.-getrouwen op de invloedrijke bestuurlijke posten te doen benoemen. Een verzoenende houding jegens met name de Curaçaose oppositiepartijen schijnt geenszins een overweging te zijn geweest in Da Costa Gomez' strategie om de (regerings) macht op Curaçao en op de Antillen te verwerven. Da Costa Gomez beging een fout door bij het samenstellen van een parlementair kabinet primair hoofden te tellen. Daarbij overschatte hij de loyaliteit van de A.V.P.-ers aan de leider Henny Eman. Een parlementair kabinet vereist echter een eenheid van beginselen wil het innerlijk sterk zijn. Tevens negeerde *Dòktor* het historisch gegroeide, namelijk de samenwerking van de A.V.P. met de D.P.

De handelwijze van de oppositiepartijen D.P., K.V.P., U.N.A. en Gerharts verdient ook onze aandacht. De kritiek van de oppositie was uitsluitend gericht op de formatie en op enkele van de voorgedragen personen en niet op een regeringsprogramma of beleidsdaad. Voorts nam de oppositie, zoals eerder gesteld, haar toevlucht tot grove middelen zoals de betiteling van het College als 'een club van politieke avonturiers' en de afschildering van Da Costa Gomez als de Hitler van de Antillen.[191] Het is een algemeen aanvaard democratisch gebruik dat een coalitiekabinet samengesteld wordt uit personen die het vertrouwen genieten van de samenwerkende partijen. Op Curaçao echter noemde de oppositie deze handelwijze fascistisch. Deze reactie van de oppositiepartijen komt ons inziens niet voort uit een principiële afwijzing van die formatiegewoonte, maar uit hun verbolgenheid over het feit dat zij niet konden delen in de macht en in de banen. De N.V.P. was in hun ogen fascistisch omdat en voor zover deze partij hun leden uit het College van Algemeen Bestuur en uit andere posten hield. De oppositiepartijen bleken bereid een regeringscrisis te ontketenen met als enig oogmerk zelf toegelaten te worden tot het centrum van de macht, en zo dat niet kon, in ieder geval de N.V.P./A.V.P-coalitie uit dat centrum te verdrijven. In dit streven ging de oppositie zover dat zij een deel van de N.V.P.-kiezers onmondig maakte door twee gekozenen niet tot de Staten toe te laten. De toelating van Statenleden mag ons inziens nooit om partijpolitieke redenen belet worden.

HOOFDSTUK 4

Het zakenkabinet – Kwartsz

Een bestand: formatie en programma van het College-Kwartsz

Kort na de val van het College-Da Costa Gomez heeft de N.V.P. een program opgesteld dat als richtsnoer moest dienen bij de formatie van een programcollege. In dit program, bekend gemaakt in het *Beurs*-artikel 'Grondslagen en Scheidingslijn,' eiste de N.V.P. als voorwaarden voor politieke samenwerking erkenning van onder andere de noodzaak van samenwerking in rijksverband en van het gemeenschappelijke overleg en de noodzaak de controverse tussen Aruba en Curaçao tot een oplossing te brengen en de Interim-regeling spoedig af te werken.[192] Da Costa Gomez sprak zich in dit artikel uit tegen de vorming van een zakenkabinet. Een zakenkabinet zou volgens *Dòktor* niet 'leiden tot het kweken en aanvoelen van verantwoordelijkheid voor het staatsbeleid bij de Staten en de partijen'[193] Verder vond hij dat in de twee weken na de ontslagaanvraag van zijn college niet voldoende gebleken was dat het onmogelijk was een nieuw parlementair college te vormen. Hij meende een zakenkabinet te moeten ontraden omdat er geen politiek afzijdige personen in de kleine Antilliaanse gemeenschap waren. Terecht schreef De Gaay Fortman naar aanleiding van dit artikel dat het wezen van een zakenkabinet niet ligt in de personen die er in zitten, maar in zijn program.[194] *Amigoe* meende dat de capabele personen, geschikt voor een functie in het College, juist bijna alleen buiten de politiek te vinden waren.[195]

Ondertussen had de Gouverneur Dr. A. V. Dussenbroek (U.N.A.) verzocht een college te vormen dat kon rekenen op de steun van tenminste 14 van de 21 Statenleden. Dussenbroek's formatievoorstel werd door de Coalitiepartijen afgewezen.[196] Daarna werd Mr. Cohen Henriquez met de formatie belast. Zijn voorstel om leden van alle partijen in het College op te nemen was evenmin succesvol. Hierover zei hij later:

> Ik heb een kabinet voorgesteld, waarin alle samen zouden zitten. Het heeft niet mogen zijn en ik geloof niet, dat dit in de eerste plaats gelegen heeft aan de koppigheid van de N.V.P., want ook van de andere kant bestond daarvoor te weinig belangstelling. . . . [D] e N.V.P. was tot samenwerking bereid, alleen onder voorwaarden, dat zij zelf mocht aanwijzen, wie haar in het C.A.B. zou vertegenwoordigen; de andere partijen zouden de gelegenheid krijgen hetzelfde te doen.[197]

Na deze mislukte formatiepoging verklaarde *Amigoe* zich voor een zakenkabinet omdat de politici het eigen partijbelang niet wisten te scheiden van het algemeen belang.[198] Hierbij doelde *Amigoe* vooral op de eis van de N.V.P. om zelf haar kandidaten voor het C.A.B. te mogen aanwijzen. De *Beurs* had zich al eerder voor een zakenkabinet uitgesproken. De Staten waren inmiddels op 7 juli bijeengekomen. De oppositie, die niet op de zitting verscheen, zond een brief aan de Staten waarin zij verklaarde dat het falen van de formatie sinds de motie van 9 juni toe te schrijven was aan het feit dat de coalitiegenoten onvervulbare eisen stelden en zodoende welbewust de vorming van een nieuw college tegenhielden.[199] Zij deelde mee geen Statenvergaderingen te zullen bijwonen zolang het demissionaire C.A.B. niet was vervangen. Tijdens deze Statenvergadering laakte de fractiewoordvoerder van de N.V.P. a.i. Cohen Henriquez, de handelwijze van de oppositie inzake de motie van wantrouwen en het wegblijven van de vergaderingen. Hij bestreed het verwijt van de oppositiepartijen dat de coalitie er schuldig aan was dat de begroting voor 1949 niet behandeld kon worden waardoor de geldmiddelen voor de uitvoering van openbare werken uitbleven, hetgeen op zijn beurt tot onzekerheid bij de werknemers leidde. Terwijl *Beurs* geen instemming liet doorklinken met een van de twee kampen, schaarde *Amigoe* zich met de volgende verklaring achter de oppositie:

> Het wegblijven van de oppositie – hoe zeer wij ook zulks betreuren – is de treurige consequentie geweest van de N.V.P.-A.V.P.-coalitie (machts) politiek, die door tal van ons bekende oorzaken ten slotte te pletter liep.[200]

In de eveneens door de oppositie geboycotte Statenvergadering van 8 juli betoogde Cohen Henriquez dat niet tegenstrijdigheid van principes maar gebrek aan onderling vertrouwen de oorzaak was van de kabinetscrisis en de polarisatie in de Staten.[201]

Tenslotte belastte de Gouverneur de politiek niet-actieve arts en dichter Ch. J. H. Engels met de formatie. Hij slaagde erin de goedkeuring van bijna alle partijen te verkrijgen voor een College dat op 14 juli door de Gouverneur benoemd werd. De N.V.P.-Statenleden uit Curaçao zegden hun steun toe, mede omdat de N.V.P.-er E.M. Newton zitting had in het College, maar gaven tegelijkertijd aan dat zij de voorkeur bleven geven aan een parlementair kabinet. De A.V.P. steunde het College niet. De resterende Statenleden – K.V.P. (1) D.P. (3), U.N.A. (3), de N.V.P. –ers van de Bovenwinden (3), Marchena, Gerharts, Croes en Irausquin – steunden het College wel.[202] In het Derde College van Algemeen Bestuur werden benoemd Mr. L. C. Kwartsz (Gezaghebber van Aruba en partijloos, voorzitter), M. P. B. Gorsira (Directeur Curaçaose Bank en partijloos), Dr. Ir. P. Cohen Henriquez (industrieel en partijloos), E. A. Römer (gepensioneerd ambtenaar, oud-Statenvoorzitter en partijloos), J.H. Sprockel (oud-Statenvoorzitter, K.V.P.) en Drs. E. M. Newton (ambtenaar, N.V.P.).[203] *Beurs* schreef in een commentaar over de formatie dat het College-Kwartsz noch een parlementair – noch een zakenkabinet was.[204] Het was eerder een overgangskabinet, meende het blad, omdat de geplande Interim-regeling in uitbreiding van de verantwoordelijkheid en bevoegdheid van het kabinet voorzag en nieuwe verkiezingen noodzakelijk zou maken. Het Algemeen Handelsblad oordeelde dat het nieuwe kabinet wel verlichting, maar geen oplossing bracht.[205] Volgens dit blad zaten de moeilijkheden in de samenstelling van de Staten – het gelijke aantal zetels voor Aruba en Curaçao – en in de felheid waarmee de coalitie en de oppositie elkaar bestreden.

Het College van Algemeen Bestuur onder voorzitterschap van L. C. Kwartsz was op 21 juli 1949 voor het eerst aanwezig tijdens een openbare Statenvergadering. De oppositiepartijen woonden toen voor het eerst sinds 9 juni de zitting bij, waardoor er beraadslaagd kon worden en er besluiten konden worden genomen. De K.V.P.-afgevaardigde Debrot benutte bij die gelegenheid de rondvraag om het College welkom te heten en sprak de hoop uit dat de Staten spoedig een beleidsprogram van het C.A.B. zouden ontvangen. Op 5 augustus gaf het College globaal aan welke programmapunten het zich had voorgesteld te moeten bestuderen en verwezenlijken. Hieronder volgen enkele van deze punten:[206]

- Voorbereiding van de voorgenomen administratieve en financiële zelfstandigheid van de eilanden, waardoor reeds een werkcommissie en een financiële commissie zijn ingesteld.

- De Gouvernementsuitgaven in evenwicht brengen met de ontvangsten.

- Herziening van de sociale verzekeringswetgeving. Verdere uitbouw van sociale maatregelen.

- Bevordering van de volkswoningbouw.

- Verbetering van de straatverlichting, het wegennet, de riolering en de watervoorziening.

- Verbreding van de basis van de Antilliaanse economie, onder andere door bevordering van het toerisme.

- Verbetering van de verbinding met de Bovenwinden.

Het College-Kwartsz werd door de N.V.P./A.V.P.-coalitie bij gebrek aan een voor de oppositie acceptabel alternatief gedoogd. Uit de opsomming van aandachtspunten van het College zijn twee punten te halen die eenieder op de Antillen als urgent beschouwde. Alle partijen en de pers waren het erover eens dat de begroting voor 1949 zo spoedig mogelijk behandeld moest worden en dat er haast geboden was met de voorbereiding van de bestuurlijke en financiële afscheiding van de eilanden. Een derde punt van urgentie – dat merkwaardig genoeg niet in het C.A.B.-programma stond, maar wel voorkwam onder de formatie-eisen van de N.V.P. van 2 juli – was de behandeling van de ontwerpinterim-regeling die de Staten op 7 maart 1949 was aangeboden. Gelet op het feit dat dit kabinet in het belang van de afhandeling van een aantal belangrijk geachte zaken gedoogd werd door de coalitie die een parlementaire meerderheid had, kan het College-Kwartsz zeker een zakenkabinet genoemd worden.

Hernieuwde strijd tussen de coalitie- en oppositiepartijen

Op 21 juli vond de eerste Statenvergadering in tegenwoordigheid van de leden van het C.A.B.-Kwartsz plaats.[207] Zoals te verwachten was wijdden de Staten zich tijdens deze zitting aan die zaken die als gevolg van de machtstrijd tussen de coalitie en oppositie waren blijven liggen. Wij herinneren ons de impasse rond de voordracht voor een Vertegenwoordiger in Nederland en rond toelating van de N.V.P.-leden De Lannoy en

Buncamper. Als gevolg van de ontslagaanvraag van de N.V.P.-er J. van Toorn per 19 juni en de tijdelijke terugtrekking uit de Staten van de D.P.-er C. Kroon – beide heren wegens langdurig verblijf in het buitenland – kwam ook de toelating van de heren E. C. B. Bartels Daal respectievelijk Mr. R. J. Isa op de agenda te staan. Terwijl vier nieuwe leden nog toegelaten moesten worden, was M. S. Arends – zoals inmiddels gebruikelijk – afwezig.

Dit bracht het aantal aanwezige Statenleden op 16: 8 van de coalitie en 8 van de oppositie. In de volgende paragrafen laten wij duidelijk zien dat de Statenleden na de formatie van het compromiscollege-Kwartz gegroepeerd bleven in de twee kampen die sedert de formatie van Da Costa Gomez gevormd waren.[208] Hiertoe zullen wij het verloop van de debatten en de stemmingen over een viertal vraagstukken bespreken. Deze vraagstukken zijn: de voordracht voor een Vertegenwoordiger, de toelating van Buncamper, de afvaardiging van waarnemers naar de RTC en de haven van Aruba.

DE VOORDRACHT VAN EEN VERTEGENWOORDIGER IN NEDERLAND

In de vergadering van 21 juli behandelen de Staten de voordracht voor een Vertegenwoordiger in Nederland. Gerharts achtte het – daarin gesteund door Debrot en Jonckheer – in verband met de eerdaags te verwachten wijziging van de Staatsregeling en dus van de functie van de Vertegenwoordiger, niet verantwoord om voor zo'n korte termijn een nieuwe functionaris af te vaardigen. Hierom stelde hij voor M.P. Gorsira te handhaven als Vertegenwoordiger. Voges vroeg weer om toepassing van artikel 97 van het doen van keuzen of voordrachten van personen. Daar de voorzitter een mondelinge stemming wilde als er geen tegenkandidaat was, noemde Voges namens de coalitie de N.V.P.-er Bartels Daal als tegenkandidaat. Bartels Daal was in mei de eerste kandidaat van de coalitie. Na staking van de schriftelijke uitgebrachte stemmen (8-8) ontstak

Gerharts in woede en heropende zijn felle aanvallen op de
N.V.P. met de woorden:

> [M]en wenst in Nederland in de Lange Houtstraat in
> Den Haag een voorpost te hebben van de Nationale
> Volkspartij aan de Penstraat! Dit is het belang, dat deze
> heren voorstaan, Mijnheer de Voorzitter, en dat is niet
> het belang, dat zij in deze zaal behoren te verdedigen![209]

Gerharts zei verder dat de eerste Vertegenwoordiger, Da Costa
Gomez, een leeg archief in Den Haag had achtergelaten en
nooit een rapport naar de Antillen had gestuurd; Gorsira had,
aldus Gerharts, een archief aangelegd en een rapport naar
de Staten gezonden. Sprekend over het *Beurs*-artikel van Da
Costa Gomez 'Grondslagen en Scheidingslijn' van 2 juli 1949,
oordeelde Gerharts dat de N.V.P. geen zakenkabinet wilde
omdat zij niet over zoveel intellectuelen beschikte als de andere
partijen. Gerharts verweet Da Costa Gomez 'het te zoeken' in de
rassentheorie, 'een on-Nederlands en on-Curaçaos verschijnsel'
en te proberen de Nederlandse Antillen in twee kampen te
delen. Speciaal voor Cohen Henriquez, die tijdens Gerharts
Mein Kampf-toespraak van 9 juni in het buitenland was,
herhaalde Gerharts de vergelijking van Da Costa Gomez met
Hitler en stelde dat Cohen Henriquez het aan zijn voorname
familie verplicht was niet achter een dictator aan te lopen.
Cohen Henriquez zei dat als de oppositie ingegaan was op zijn
formatievoorstel er nu niet twee kampen in de Staten zouden
zijn, maar slechts één. Hij hekelde het spreken over al of niet
beroemde familieleden en over de persoonlijke verdiensten van
Statenleden. Bij herstemming staakten de stemmen weer, waarna
het lot Bartels Daal aanwees als eerste kandidaat. Gerharts droeg
M. P. Gorsira als tweede kandidaat voor en aangezien niemand
hier bezwaar tegen had, werd deze voordracht, ons inziens ten
onrechte zonder schriftelijke stemming, aanvaard. Jonckheer
en Gerharts zagen toen een mogelijkheid om de uiteindelijke

benoeming alsnog in hun voordeel te beïnvloeden en stelden voor om de Gouverneur mee te delen dat de eerste kandidaat door het lot en de tweede met algemene stemmen [!] op de lijst was geplaatst. De Gouverneur bracht de Staten per brief d.d. 25 augustus op de hoogte van zijn besluit M. P. Gorsira te benomen. Hij schreef de voorkeur te hebben gegeven aan de 'zittende' kandidaat omdat uit de stemming in de Staten over de eerste kandidaat geen voorkeur voor de een of de ander gebleken was. Ook vond de Gouverneur de extra kosten van vervanging een bezwaar, temeer daar de benoeming van een Vertegenwoordiger opnieuw aan de orde zou komen na de inwerkingtreding van de Interim-regeling.[210]

DE TOELATING TOT DE STATEN VAN W.G. BUNCAMPER

Het volgende geschil deed zich voor rond de toelating tot de Staten van W. G. Buncamper (N.V.P.-St. Maarten), de opvolger van W. R. Plantz wiens plaats vrij kwam door zijn benoeming in het C.A.B.-Da Costa Gomez.[211] De geloofsbrievencommissie bestaande uit Gerharts, Voges en Geerman besloot unaniem tot toelating van mevrouw A. A. de Lannoy – het eerste vrouwelijk lid der Staten – en de heren Bartels Daal en Isa. Commissievoorzitter Gerharts maakte echter op grond van Artikel 92 van de Staatsregeling bezwaar tegen de toelating van Buncamper. Artikel 92 van de Staatsregeling luidde:

> De Staten onderzoeken de geloofsbrieven der nieuw ingekomen leden en beslissen de geschillen, welke aangaande die geloofsbrieven of de verkiezing zelf oprijzen.[212]

Gerharts motiveerde zijn bezwaar als volgt:

> Ik had (echter) op het oog, dat wel uit het proces [tegen W. R. Plantz inzake verkiezingsfraude] gebleken is, dat

de naam van de heer Buncamper op de kandidatenlijst zonder de voorkennis van een aantal ondertekenaars is geplaatst, zodat zijn naam er ten onrechte op voorkomt en dat hij dus, ongeacht de uitspraak van de rechter staat op een lijst, die niet in orde is.[213]

Jonckheer en Braam vochten, evenals Gerharts, het voorstel van de meerderheid van de commissie om Buncamper wel toe te laten aan en vroegen om een schriftelijke stemming. De twee andere leden van de geloofsbrievencommissie beriepen zich op Artikel 104 van het Kiesreglement, dat als volgt luidde:

> Het onderzoek der geloofsbrieven strekt zich niet uit tot de geldigheid van de lijsten, zoals zij door het hoofdstembureau zijn openbaar gemaakt.[214]

In het debat over de interpretatie van deze twee artikelen stelde de coalitie dat het Kiesreglement een wettelijke regeling was waaraan allen zich conform de Staatsregeling dienden te onderwerpen, oftewel dat de bijzondere regel (Artikel 104 Kiesreglement) moest voorgaan op de algemene regel (Artikel 92 Staatsregeling). De oppositie betoogde bij monde van Jonckheer en Statenvoorzitter Irausquin dat het Kiesreglement een lagere wet was dan de Staatsregeling en dat daarom Artikel 92 van de Staatsregeling toegepast diende te worden. De uitslag van de stemming over het voorstel tot toelating van Buncamper was 8 voor en 8 tegen, met als gevolg dat het voorstel tot de volgende Statenvergadering aangehouden werd. De eerstvolgende vergadering, op 4 augustus, werd bijgewoond door 18 leden; afwezig waren M. S. Arends en F. B. Tromp van de U.N.A. Het staatsrechtelijk debat over de verhouding tussen de Staatsregeling en het Kiesreglement werd voortgezet zonder dat er een wijziging viel te constateren in de standpunten van de coalitie- en oppositiewoordvoerders Cohen Henriquez en Isa.[215] Na een debat van ruim een uur vroegen Voges en Debrot om hoofdelijke stemming over het voorstel van de meerderheid van de geloofsbrievencommissie om Buncamper toe te laten, welk een voorstel met 10 tegen 8 stemmen werd aangenomen.[216] Ook hier zien wij dat zowel de coalitie als de oppositie bloksgewijs stemden. Buncamper was na veel touwtrekken tussen de kampen toegelaten tot de Staten.

DE BEGROTING VOOR 1949

De behandeling van de begroting van 1949 verliep in een betrekkelijk harmonieuze sfeer. De ontwerpbegroting was reeds op 6 april 1948 bij de Staten ingediend. De behandeling was als gevolg van ontwikkelingen als de wijziging van de Staatsregeling in mei 1948, de voorbereidingen voor de verkiezingen, de verkiezingscampagne en de formaties steeds uitgesteld. Op 4, 5 en 8 augustus werd de begroting uiteindelijk behandeld.[217] Debrot sprak op 4 augustus zijn voldoening uit over het feit dat er een geest van samenwerking en wederzijds begrip tussen de partijblokken had geheerst in de commissievergaderingen over de begroting. Hij hoopte dat deze geest zich ook in de openbare vergaderingen zou manifesteren.

Centraal in de begrotingsbehandeling stond de wens tot bezuinigingen op de overheidsuitgaven, één van de programmapunten van het College-Kwartsz. Over het algemeen waren de Statenleden en het C.A.B. van mening dat de geringe groei van de Antilliaanse economie bezuinigingen noodzakelijk maakten. De N.V.P. drong aan op bezuiniging op de personeelskosten, en wees op de slechte verbindingen tussen de eilanden en de slechte arbeidsomstandigheden in de bouw. Debrot pleitte voor deskundige begeleiding bij de samenstelling van begrotingen, voor bezuiniging op de personeelslasten door middel van onder andere reorganisatie der diensten, en voor de bouw van een centraal gouvernementsgebouw. Ook Gerharts en de D.P. pleitten voor bezuinigingen op de personeelskosten. De wens om te bezuinigen was bij de Arubaanse Statenleden echter minder groot dan bij de anderen; de A.V.P. wilde bijvoorbeeld zoveel mogelijk in de haven van Aruba investeren. Cohen Henriquez leverde kritiek op de opvoering van de uitgaven ten behoeve van de haven van Aruba terwijl de Staten zich ten aanzien van Curaçao tot bezuinigingen bereid hadden getoond en de kosten uit één beurs bestreden moesten worden. Hij bracht dat als volgt onder woorden:

> Ik moet daarom dit plan, dat de heer Eman ons voorlegt [de bouw van een vierde kademuur in de haven van Aruba], als een zeer moeilijk probleem bestempelen. . . . Ik sta er dus op van het Bestuur de toezegging te krijgen, dat de gelden, die van de Curaçaose kapitaaldienst . . . zijn afgevoerd, slechts weer voor Curaçao kunnen worden aangewend. Indien ik die toezegging niet kan krijgen, zal ik er tot mijn spijt niet aan kunnen meewerken, dat er een fonds zou worden gevormd door Curaçao om gebruikt te worden door ons zustereiland. Maar niet alleen daarop moet ik staan, ook moet ik erop staan van Bestuurszijde de toezegging te krijgen, dat de uitgaven, die op dit moment van Aruba afgevoerd worden [uitgaven voor wegenaanleg en aankoop van gronden ter verkrijging van gelden voor de nieuwe post haven], niet zullen worden opgevoerd op de gemeenschappelijke begroting alvorens de afscheiding is tot stand gekomen.[218]

Tijdens de rondvraag volgend op de goedkeuring van de begroting heeft alleen de D.P. het nodig geacht het andere kamp het een en ander te verwijten. Isa rakelde daarbij zaken op als de voordracht van Bartels Daal als Vertegenwoordiger, de houding van H. Eman tegenover de Statenvoorzitter, en wat hij noemde de rassenpropaganda van Da Costa Gomez.[219]

DE AFVAARDIGING VAN WAARNEMERS NAAR DE RTC VAN 1949

De Staten werden bij gouvernementsdepêche van 10 augustus gevraagd waarnemers aan te wijzen om de RTC tussen Nederland en de Verenigde Staten van Indonesië in augustus en september 1949 bij te wonen. Op verzoek van de Minister van Uniezaken en Overzeese Gebiedsdelen moesten deze waarnemers gemachtigd zijn tot het plegen van overleg als bedoeld in de tweede zin van Artikel 209 van de Grondwet van 1948.[220] Op verzoek van de heren Gerharts, Croes en Dussenbroek kwamen de Staten op 19 augustus bijeen om over deze brief te debatteren. De voorzitter van het C.A.B. had al op 15 en 16 augustus overleg gepleegd met de Staten in commissievergadering. De eerste keer ging het om de vraag 'waarnemers met of zonder machtiging?'; de tweede keer betrof het de vraag of alleen de Vertegenwoordiger of nog meer waarnemers afgevaardigd zouden worden. Tijdens dat overleg waren de Staten unaniem tot de mening gekomen dat geen machtiging verleend mocht worden aan wie dan ook om overleg te plegen met de Nederlandse regering omdat de Staten nog niet klaar waren om aan een dergelijk overleg deel te nemen.

Naar aanleiding van deze commissievergaderingen diende Gerharts op 19 augustus, geheel onverwacht, een motie in.[221] In deze motie vroeg hij de Staten om de mening uit te spreken dat Nederland bij de komende vorming van de Unie – tussen het Koninkrijk (Nederland, Suriname en Nederlandse Antillen) en de Verenigde Staten van Indonesië – mag treden in de plaats van het Koninkrijk daar de Staten bezwaar hadden om al deel te nemen aan de vorming van de Unie terwijl de onderhandelingen betreffende de vorming van het nieuwe Koninkrijk nog moesten beginnen. De motie stelde verder dat de Gouvernementsbrief en de besprekingen met Collegevoorzitter Kwartsz, naar de mening van de Staten, beschouwd konden worden als het voortgezet overleg bedoeld in de Grondwet.

Cohen Henriquez noemde de motie een donderslag bij heldere hemel en verklaarde het volgend:

> Ik moet er mij dan ook tegen uitspreken, Mijnheer de Voorzitter, omdat de Grondwet voorschrijft, dat pas na overleg over de vraag, of het Koninkrijk dan wel Nederland in verbinding zal treden met Indonesië, zal worden bepaald of de drie gebiedsdelen samen of alleen Nederland zal toetreden. Maar wij hebben helemaal niet overlegd, wij hebben alleen overlegd over hetgeen de uitnodiging om te komen overleggen betekent.[222]

Voorts keerde deze spreker zich tegen het feit dat de motie de indruk wekte, dat de Antillen de vorming van de Unie aan Nederland overlieten, terwijl Gerharts blijkbaar alleen bedoelde dat de Antillen niet aan de besprekingen van augustus en september deel zouden nemen. De N.V.P.-fractieleider was het verder met de andere Statenleden eens, dat er geen opdracht gegeven zou worden om overleg te plegen in de zin van de Grondwet. Wel zouden de waarnemers, meende Cohen Henriquez, officieus met Nederland van gedachten mogen wisselen over hetgeen op de RTC gebeurde. Voges en Jonckheer verklaarden zich tegen het geven van een machtiging aan Nederland om voor de Antillen op te treden, zoals de motie dat deed. Debrot pleitte voor aanvaarding van de uitnodiging van Nederland. Terwijl de coalitie in ieder geval waarnemers wilde sturen, spraken Jonckheer en Irausquin consequent over 'eventuele waarnemers.'[223] Cohen Henriquez stelde voor om in plaats van in een motie middels een brief aan de Gouverneur uit te spreken dat de Staten de waarnemers niet tot overleg wilden machtigen, en de Gouverneur te verzoeken de regering op de hoogte te stellen van de inhoud van deze Statenbrief. De Staten gingen hiermee akkoord.[224] De oppositie trachtte vervolgens alleen de Vertegenwoordiger in Nederland als waarnemer te doen aanwijzen. De N.V.P./A.V.P.-coalitie hechtte eraan om naast deze functionaris, uit zowel de oppositie als uit de coalitie een tweetal personen af te vaardigen. De coalitie zei daarmee te beogen dat verschillende groeperingen de kans krijgen om ervaring op te doen met de RTC. Bovendien zou één persoon niet alle gelijktijdig plaatsvindende commissie- en sectievergaderingen kunnen bijwonen. Jonckheer meende dat het geen zin had verschillende waarnemers te benoemen nu besloten was dat de waarnemers niet gemachtigd zouden zijn overleg te plegen.

Een voorstel van Voges om vijf waarnemers – de Vertegenwoordiger inbegrepen – aan te wijzen werd aangenomen met 10 tegen 9 stemmen. Alle aanwezige oppositieleden stemden tegen.[225] Debrot was echter lang voor de stemming uit de vergadering weggegaan omdat hij in zijn hoedanigheid van ambtenaar een vergadering moest bijwonen. De coalitie stelde vervolgens Da Costa Gomez, Albert Eman, C. Kroon en Debrot kandidaat, waarna de oppositie J. R. Arends, N. Henriquez en de coalitieleden Geerman en Marchena voordroeg. De laatstgenoemde twee bedankten prompt voor de eer. Hier bleek duidelijk dat de oppositiepartijen tegen de afvaardiging van Da Costa Gomez en Albert Eman gekant waren. De uitslag der stemming voor de eerste waarnemer was 10 voor Da Costa Gomez, 8 blanco en 1 ongeldig. Ingevolge artikel 55 van het Reglement van Orde (R.v.O.) van de Staten werd de stemming nietig verklaard. Dit artikel luidde: 'De stemming is nietig, indien het aantal geldig uitgebrachte stemmen niet groter is dan 2/3 van het aantal der aanwezige leden.'[226] Voor de duidelijkheid moet gezegd worden dat blanco stemmen reglementair als ongeldig werden beschouwd. Cohen Henriquez vond dat er geloot moest worden tussen Da Costa Gomez en Albert Eman, daar het R.V.O. zei: 'Het lot beslist eveneens, wanneer geen beslissing verkregen wordt.'

De oppositie antwoordde dat er eerst een geldige stemming moest zijn, voordat het lot kan beslissen. Cohen Henriquez bekritiseerde het onparlementaire verzet van de oppositie tegen de genomen beslissing van de Staten om vijf personen af te vaardigen. De oppositie begaf zich ons inziens hiermee op het oude pad van de obstructie. Bij de tweede stemming stemde de oppositie weer blanco. De voorzitter sloot daarop de vergadering en riep tevens op tot een vergadering op de avond van 19 augustus, dezelfde dag. Aan het begin van de avondvergadering noemde K.V.P.-er Debrot het viermaal vergaderen (tweemaal in commissie en tweemaal in het openbaar) over waarnemers naar de RTC een persiflage op de democratie, die de Antillen moesten opbouwen.[227] D.P.-er Isa gaf aan waar het bij de oppositie op vastzat toen hij opmerkte dat het een vreemde indruk in Nederland moest wekken dat steeds weer dezelfde personen naar Nederland werden afgevaardigd.

Da Costa Gomez en Albert Eman waren nog leden van zowel de Ronde Tafel Conferentie die sinds maart 1948 geschorst was als van de Redactiecommissie van die RTC, betoogde Isa. De coalitie zag daar, ons inziens terecht, niets verkeerds in en stelde dat het enige dat verkeerd zou zijn, was dat de Staten alleen uit een bepaalde partij waarnemers zouden aanwijzen. Cohen Henriquez stelde vast dat de minderheid – de oppositie beschikte over (maximaal) 10 zetels – de meerderheid (11 zetels) wilde opleggen, wie de meerderheid mocht afvaardigen. Wij herinneren ons dat de oppositie na de val van het College-Da Costa Gomez ook een veto meende te kunnen uitspreken tegen de kopstukken van de coalitiepartijen. Toen heeft de coalitie moeten zwichten. Ook in deze avondvergadering stemde de oppositie tot tweemaal toe blanco, waarna iedereen zich akkoord verklaarde met het voorstel van Cohen Henriquez om een brief aan de Gouverneur – mede ten behoeve van de Nederlandse minister – te schrijven om mee te delen dat de Staten geen waarnemers hebben kunnen benoemen. Deze brief zou moeten verwijzen naar de Notulen van de twee zittingen van 19 augustus. Tegen het einde van de vergadering kondigde Henny Eman aan spoedig een voorstel tot wijziging van het Reglement van Orde een motie van wantrouwen tegen Statenvoorzitter Irausquin te zullen indienen.[228]

Het verzet van de oppositie tegen de afvaardiging van haar niet welgevallige voormannen van de coalitiepartijen ging, zoals wij hierboven hebben kunnen constateren, zover dat de oppositie obstructie ging plegen waardoor geen enkele waarnemer aangewezen kon worden. De Statenwerkzaamheden dreigden weer stilgelegd te worden. De functie van waarnemer bij de RTC zou, vreesde de oppositie, aan de door haar inzet tijdelijk uitgerangeerde Da Costa Gomez weer een officiële status geven, van waaruit hij zijn invloed en populariteit kon herwinnen. Een anders weinig belangwekkende waarnemerkwestie groeide op deze wijze uit tot een *cause célèbre* voor beide kampen.

Het geschil rond het afvaardigen van waarnemers nam een nieuwe wending in de Statenvergadering van 26 augustus, toen de coalitie een zet deed om de gerezen impasse te doorbreken. Voges stelde namens de coalitie een wijziging van het Reglement van Orde van de Staten voor, die inhield dat Artikel 55 voortaan als volgt zou moeten luiden: 'De stemming is nietig indien het aantal geldig uitgebrachte stemmen niet groter is dan de helft van het aantal uitgebrachte stemmen.'[229] De coalitie wenste artikel 55 te wijzigen in de geest van Artikel 131 van het R.v.O. van de Tweede Kamer, dat luidde: 'De stemming is nietig indien het aantal behoorlijk ingevulde stembriefjes minder dan 51 bedraagt.'[230] De Tweede Kamer telde toen 100 leden. Cohen Henriquez bracht de grief en de ergernis van de coalitie als volgt onder woorden: 'Het is te gek om los te lopen en volkomen onduldbaar, dat 1/3 van de vergadering beslist over voordrachten van personen.'[231] Jonckheer vroeg om de caesuur dan bij 11 Statenleden in plaats van bij 'de helft' te leggen. Het antwoord van Cohen Henriquez liet aan duidelijkheid niets te wensen over:

> Dat wij voorgesteld hebben, dat meer dan de helft der aanwezige leden geldig moeten stemmen, ligt daaraan,

dat het overeenkomst met ons oude R.v.O. [geldig tot begin 1948]. Daar staat toch ook de helft. Dat is voor mijn gevoel ook te verdedigen op deze grond, dat wij hier met veel minder mensen [dan in de Tweede Kamer] te doen hebben en het wel eerder kan gebeuren, dat een zestal mensen weg is, waardoor men met 15 mensen zou zitten en waarbij dan weer, als men zegt, dat 11 stemmen geldig moeten zijn, 5 van de 15 – dat is weer 1/3 – hetzelfde trucje zou kunnen uithalen, dat de heren de vorige week hebben uitgehaald.[232]

Debrot veroordeelde het misbruik dat de oppositiepartijen[233] gemaakt hadden van Artikel 55 van het R.v.O omdat het 'tegen de geest van de ware democratie is en, omdat het een gevaarlijk precedent schept, dat een goed gecontinueerd bestuursstelsel bijkans onmogelijk maakt.'[234] Hij verklaarde zich eveneens tegen het ingediend voorstel tot wijziging van Artikel 55 omdat zijns inziens het telkens veranderen van een willekeurig artikel uit de R.V.O. door een meerderheid tot een bestuurlijke chaos zou leiden. De leden Isa, Irausquin, Jonckheer en Gerharts gaven te kennen dat het wijzigingsvoorstel volgens hen ter bestudering naar de Eerste Vaste Commissie verwezen moest worden. De coalitie wenste onmiddellijke behandeling en voelde zich daarin gesterkt door het feit dat het de laatste tijd nogal vaak was voorgekomen dat bepaalde voorstellen, stukken en landsverorderingen meteen – zonder voorbereiding in een Vaste Commissie – behandeld werden. Op augustus had de Democratische Partij nog met succes op onmiddellijke behandeling van een verzoekschrift aangedrongen, zo hield de coalitie de vergadering voor.[235] Ten aanzien van de eerste kandidaat van de coalitie, Dr. da Costa Gomez, zei Gerharts:

Er is er een bij, die reeds meermalen getoond heeft onbetrouwbaar te zijn en niet de belangen van zijn land te kennen maar slechts van zijn partij en van zichzelf. Hij heeft de Antillen reeds eens vertegenwoordigd en daarbij niet geschroomd zijn partij voor te stellen als het goede schaap, als het summum van rechtvaardigheid, eerlijkheid en democratie en de andere zo zwart als de nacht . . . wij kunnen en mogen niet riskeren, dat daar in Den Haag wederom in een officiële functie door deze mijnheer met de vertegenwoordigers van de Oost wordt gekonkeld tot schade van het Koninkrijk en tot schade van onze eilanden.[236]

De N.V.P.-er Pieters Kwiers bracht naar voren dat het heel opmerkelijk was, dat terwijl men op zo'n negatieve wijze over Da Costa Gomez in de Statenzaal sprak, het Curaçaose publiek op dezelfde avond via de omroep van de P.C.J. had vernomen dat Dòktor door Nederland – waar hij sinds medio augustus met verlof vertoefde – was benoemd tot lid van de Nederlandse delegatie naar de Verenigde Naties. De Nederlandse regering had blijkbaar meer vertrouwen in deze politicus dan de oppositie, stelde Pieters Kwiers vast.[237] Het wijzigingsvoorstel-Voges werd op aandringen van de coalitie uiteindelijk in stemming gebracht en aangenomen met 11 tegen 10 stemmen.[238] Vervolgens vond de stemming plaats voer de kandidaten, die reeds in de ochtendvergadering aan 19 augustus waren voorgedragen: Dr. da Costa Gomez, Albert Eman, Dr. J. R. Arends, N. Henriquez en Mr. I. C. Debrot. Gekozen werden Da Costa Gomez, Eman, C. Kroon en pater Möhlman (de laatste door Debrot kandidaat gesteld voor de K.V.P). Aan deze vier werd op verzoek van Isa de U.N.A. gezinde Arubaan N. Henriquez als vijfde waarnemer toegevoegd.

Alsof de verstandhouding tussen coalitie en oppositie nog niet genoeg verpest was, diende Henny Eman nog een motie van wantrouwen in tegen de ex-A.V.P.-lid Juancho Irausquin.[239] Eman verweet de Statenvoorzitter onder andere partijdigheid in de Staten. De oppositie verdedigde de voorzitter en verweet de coalitie dat zij geprobeerd had:

> de hand te leggen op de 'key-positions' in ons bestuurstelsel en maatschappij voor hun handlangers en aldus persoonlijk voordelen voor zichzelf of hun partij te behalen.[240]

De motie van wantrouwen werd aangenomen met 11 tegen 9 stemmen; Irausquin nam zelf geen deel aan de stemming. Zoals te verwachten was, legde Irausquin deze motie naast zich neer.

De N.V.P./A.V.P.-coalitie versus het College–Kwartsz: de haven van Aruba

Tijdens de tweede zitting die de Staten op 5 augustus aan de begroting van 1949 wijdden, overrompelde Henny Eman de Staten en het Bestuur met een serie amendementen waarin hij enerzijds bepaalde bedragen afvoerde en anderzijds gelden vroeg voor geheel nieuwe posten.[241] De bezwaren van de Statenleden en van het Bestuur betroffen onder andere de vreemde procedure om staande de vergadering amendementen in te dienen die in de miljoenen liepen, terwijl er geen plannen bestaan voor de projecten waarvoor al dat geld gevraagd werd. Behalve tegen de procedure maakten Jonckheer en Cohen Henriquez bezwaar tegen het feit dat Eman bij onderdeel 3 van Artikel 270601 c.q. de havenaanleg (4e termijn) op Aruba het bedrag van f 1.250.000,- bij amendement wilde brengen op f 1.500.000,-. Aangezien die f 1.250.000,- bestemd was voor de oostelijke kademuur in het tweede bassin (de zogenaamde 3e kademuur) welke al was aanbesteed, begrepen deze leden dat de toen gevraagde f 250.000,- beschouwd moest worden als een eerste termijn van een miljoenenproject – en 4e kademuur – waar binnenkort weer gelden voor gevraagd zouden worden.

Jonckheer en Cohen Henriquez wensten dit amendement niet te steunen omdat goedkeuring daarvan de Staten zou binden aan een tweede termijn in 1950 van waarschijnlijk 1 miljoen gulden, terwijl de ontwerpbegroting voor 1950 al een nadelig slot van 7,5 miljoen gulden vertoonde.[242] Ook toen Eman ƒ 50.000,- in plaats van ƒ 250.000,- voor de vierde kademuur vroeg bleven deze Statenleden op hun standpunt staan. De uitslag van de stemming over dit amendement was 9 voor en 9 tegen. Behalve de Arubanen (A.V.P. 3, U.N.A. 1, Croes en Irausquin) en de met de A.V.P. gelieerde heer Marchena van Bonaire stemden slechts Pieters Kwiers en Bartels Daal van Curaçao voor het amendement-Eman. In de volgende zitting, 8 augustus, trok Eman zijn amendement in. Hij zegde bij die gelegenheid toe op deze havenkwestie terug te zullen komen bij de behandeling van de aanvullende begroting voor 1949.[243]

De Gouverneur zond op 25 oktober een ontwerplandsverordening tot vaststelling van de Eerste Aanvullende Begroting voor 1949 naar de Staten. Op 10 november kwamen de Staten op verzoek van de leden Eman, Marchena en Cruger bijeen in een openbare zitting om het onderwerp 'Haven van Aruba' te behandelen. Statenlid Eman hield een redevoering waarin hij pleitte voor het met spoed bouwen van een vierde kademuur in de haven van Aruba.[244] Hij achtte dit werk urgent mede omdat de Maatschappij voor Havenwerken – een Nederlands bedrijf – die dit werk kon uitvoeren spoedig, na voltooiing van de werkzaamheden bij de Lago Oil, uit Aruba zou vertrekken. Tevens zou er volgens Eman een tekort aan kaderuimte dreigen. Een brief van enkele scheepsagenten en handelaren, waaronder de uit Curaçao afkomstige heren Maduro, Curiel en Salas, werd ter ondersteuning hiervan aan de Statenleden voorgelezen. Ten derde stelde Eman dat de kadewand bestaande uit zand en rots geleidelijk afbrokkelde wat tot zeer hoge baggerkosten kon leiden. Ter dekking van de bouwkosten van een vierde kademuur wilde de A.V.P.-leider op de suppletoire begroting een totaal bedrag van ƒ 430.000,- afvoeren van posten als wegenaanleg, de bouw van een haven- en loodsgebouw en riolering. Dat bedrag zou de eerste termijn moeten zijn van de nieuwe post 'haven van Aruba.' Op de begroting van 1950 zou voor de haven ruim één of anderhalf miljoen gulden nodig zijn, hield Eman de Statenleden voor.

De Union Nacional Arubano noemde het bijeenroepen van een speciale Statenzitting voor dit voorstel een reclamestunt omdat deze havenkwestie evengoed aan de orde gesteld had kunnen worden bij de behandeling van de aanvullende begroting. De U.N.A. was tegen het schrappen van posten die ook van belang waren voor Aruba. De Democratische Partij vond het voorstel een 'vreemde politieke zet' omdat Eman ermee kwam toen het C.A.B. niet in de Statenzaal aanwezig was. Deze partij keurde het schrappen van posten af omdat een gedeelte van die gelden reeds uitgegeven was. Bovendien had het Bestuur, aldus Jonckheer, verklaard dat voltooiing van de haven financieel niet verantwoord was. De N.V.P./A.V.P.-coalitie betoogde dat alle Arubaanse Statenleden de voltooiing van de haven wilden, dat het schrappen van andere Arubaanse posten betekende dat het niet ten koste van Curaçao ging en dat, in het licht van de aankomende afscheiding van Aruba van Curaçao, het alleszins billijk was als de Staten Aruba zelf nu al lieten beslissen over een Arubaans belang. De oppositie stemde tegen het voorstel van Eman (10 stemmen) en daar De Lannoy (N.V.P.) afwezig was, bracht de coalitie het niet verder dan 10 stemmen vóór.[245] De coalitie verliet teleurgesteld de vergadering tijdens de rondvraag.

De Staten zetten het debat over de haven van Aruba op 17 november op verzoek van Eman voort. Het College van Algemeen Bestuur was deze keer wel aanwezig. Bij die gelegenheid verweet de U.N.A. Cohen Henriquez dat hij zijn mening ten aanzien van uitgaven voor Aruba had gewijzigd slechts om de coalitie in stand te houden.[246] Cohen Henriquez was nu, zo vond de U.N.A., vóór het schrappen van posten van Aruba zonder een garantie van het College te eisen zoals hij op de zitting van 5 augustus had gedaan. Cohen Henriquez had toen onder andere het volgende gezegd:

> Maar niet alleen daarop moet ik staan, doch ook moet ik erop staan van Bestuurszijde de toezegging te krijgen, dat de uitgaven, die op dit moment van Aruba afgevoerd worden, niet zullen worden opgevoerd op de gemeenschappelijke begroting alvorens de afscheiding is tot stand gekomen.[247]

Cohen Henriquez antwoordde het U.N.A.-lid Amelink – sedert 13 oktober Statenlid in de plaats van M.S. Arends – dat in 1951 een financiële afbakening mogelijk zou zijn. Amelink merkte vervolgens op dat de begroting van 1950 nog niet gesplitst was voor Curaçao en Aruba en dat de geschrapte posten in 1950 deels op de begroting en dus deels ten laste van Curaçao zouden terugkomen. Het zwakke en niet overtuigende antwoord van Cohen Henriquez hierop was:

> [M]aar in 1950 ben ik hier nog om die posten, als zij worden opgevoerd, af te stemmen, niet waar? Als opgevoerd worden zonder dat er iets anders afgevoerd wordt, stem ik die posten natuurlijk af.[248]

Het Bestuur, dat overigens van mening was dat de haven in de toekomst afgebouwd diende te worden, deelde de Staten mee dat het om drie redenen tegen de afbouw op korte termijn was.[249] Het College was ten eerste van oordeel dat de posten die op de begroting voor 1949 en 1950 opgebracht waren, noodzakelijke posten waren waarvan de urgentie het Bestuur groter voorkwam dan die van het afbouwen van de haven. Bovendien kon de bouw van de vierde kademuur volgens het C.A.B. één à twee jaar worden uitgesteld zonder dat onherstelbare schade aan de kade zou zijn aangebracht. In economisch opzicht leek de afbouw van de haven evenmin urgent omdat het niet aannemelijk gemaakt kon worden dat de haven binnen één jaar met een tekort aan de kaderuimte zou komen te kampen. Curaçao had in de eerste negen maanden van 1949 met 1200 m kadelengte een bruto tonnage van 4.200.000 verwerkt, terwijl Aruba in dezelfde periode met een kadelengte van 1000 m slechts 683.000 bruto ton had verwerkt. De D.P. en de K.V.P. waren om twee redenen tegen het A.V.P.-streven om de afbouw van de haven onmiddellijk te realiseren. Zij deelden het standpunt van het C.A.B. dat de gevraagde uitgaven (tweede termijn ongeveer f 800.000,-) de begroting voor 1950, die al een tekort van 7,5 miljoen vertoonde, onaanvaardbaar zouden belasten.[250] Ten tweede waren deze partijen huiverig om een project te ondersteunen dat een concurrentie voor de haven van Curaçao zou vormen.[251] De N.VP./A.V.P.-coalitie stelde zich op het standpunt dat:

a. In 1949 enkele posten geschrapt moesten worden ten behoeve van een aanvraag in eerste termijn, en

b. In 1950 de haven een extra post op de begroting moest zijn omdat Aruba na de afscheiding immers zelf betalen zou, hetzij uit eigen middelen of uit haar aandeel in een uit te schrijven Antilliaanse lening in 1950.

Plantz, voorzitter van de commissie belast met een onderzoek naar de financiële gevolgen van de afscheiding van Aruba, betoogde dat de begroting voor 1950 niet verder belast zou worden, maar dat de geplande lening van 7,5 miljoen ter dekking van het begrotingstekort verhoogd zou worden. Waarachtig een vreemde redenering! Het voorstel Eman werd aangenomen met 11 tegen 10 stemmen. De coalitie bleek niet open te staan voor het beroep van het College op de Ontoereikendheid van de geldmiddelen, en bracht het College-Kwartsz hiermee een eerste slag toe.

Om de financiering in tweede termijn van de vierde kademuur zeker te stellen diende Henny Eman op 22 december een initiatiefontwerp-landsverordening in 'regelende uitgifte van een lening groot ƒ 1.000.000,- ten laste van de Nederlandse Antillen.'[252] De Memorie van Toelichting stelde dat, zodra de financiële afscheiding van Aruba gerealiseerd was, de aflossing van de lening en de rente ten laste van de Arubaanse begroting zou worden gebracht.[253] Tijdens de vergadering van 12 januari 1950 waar het Voorlopig Verslag[254] over het initiatiefontwerp aan de Statenleden werd uitgereikt, presenteerde Eman de Memorie van Antwoord en eiste, daarin gesteund door Plantz, onmiddellijke behandeling van het ontwerp[255]; dat wil zeggen zonder dat daar over een eindverslag was uitgebracht.

De oppositie maakte, ons inziens terecht, bezwaar tegen deze procedure, waarbij geen tijd gegund werd voor de voorbereiding van de behandeling van het ontwerp. Het Voorlopig Verslag, dat staande vergadering voorgelezen werd, somde drie bezwaren tegen het ontwerp-Eman op. Enkele Statenleden vonden, evenals het Bestuur, de afbouw van de haven noch uit financieel, nog uit technisch, noch uit economisch oogpunt urgent. Ten tweede vonden enige (Curaçaose) leden dat Eman niet de benodigde garantie kon geven dat Aruba de lening uiteindelijk zou betalen. Andere leden (U.N.A.) wensten de handelingsvrijheid van de Arubaanse bevolking en parlementariërs niet door middel van de gevraagde garantie in te perken. Ten derde waren enige leden van mening dat Emans aandringen op onmiddellijke afbouw van de haven voortkwam uit het feit dat hij economische belangen in de bouw van de haven had. Het debat volgend op het voorlezen van het Voorlopig Verslag en de MvA had voor het grootste deel betrekking op dit laatste bezwaar van sommige oppositieleden. Kroon stelde onder andere vast dat het een publiek geheim was:

> dat de heer Eman mede-eigenaar is van een stuk grond, groot 60.000 m², grenzend aan dat gedeelte van de

haven, dat hij thans voornemens is uit te breiden en waarvoor hij nu een miljoen gulden vraagt.[256]

Kroon meende verder dat Eman in het verleden van de Standard Dredging Company 5% commissie zou hebben ontvangen over bedragen bestemd voor het uitbaggeren van de haven. Dit D.P.-lid noemde het accepteren van commissie en het forceren van de uitvoering van werken met de bedoeling waardevermeerdering van eigen grondbezit te bewerkstelligen, vormen van corrupt gedrag. Kroon en Gerharts citeerden uit het A.V.P.-blad *El Regulador* waarin gewag werd gemaakt van de mogelijkheid dat Eman een groter tegenwicht zou vormen tegen Juancho Irausquin (bankier en Statenvoorzitter) wanneer Eman als gevolg van de waardevermeerdering van zijn terreinen, over meer geld zou beschikken.[257]

In zijn reactie op deze en andere beschuldigingen zei Eman dat hij aandelen had in de firma Maduro en Alex Curiel die de terreinen in de buurt van de havenwerken in eigendom hadden, en bevestigde de angsten van de oppositie met de woorden:

> Ik zeg: 'Mochten mijn terreinen morgen waarde krijgen, dan ben ik geheel bereid om alles te besteden om U, Mijnheer de Voorzitter, er uit te werken, U, die bekend staat als een parasiet van het gehele eiland Aruba.'[258]

Eman gaf toe ten behoeve van de A.V.P.-kas gelden te hebben ontvangen van Alex Curiel, van de K.N.S.M.[259] en van Eman Trading.[260] Eman meende zich vrij te kunnen pleiten met de mededeling dat niet hij, maar zijn vriend Alex Curiel, de eigenaar van Aruba Trading en agent te Aruba voor de Standard Dredging Company, commissie van de Standard Dredging had ontvangen.[261] De A.V.P.-leider zei verder niet de enige Antilliaanse politicus te zijn die bij de 'rijke heren' aanklopte voor fondsen. Het is dan ook niet verwonderlijk dat Eman er niet in geslaagd was de oppositie ervan te overtuigen dat de gevraagde lening niet mede voor andere doeleinden, zoals het spekken van de A.V.P.-kas en de waardevermeerdering van Emans eigen terreinen, gebruikt zou worden. Coalitiegenoot Cohen Henriquez schoot Henny Eman te hulp met de verklaring dat hij de beschuldigingen van corruptie niet bewezen achtte. Al jaren werd hetzelfde over Eman beweerd, met even betwistbare bewijzen als nu, betoogde Cohen Henriquez. De D.P. en Irausquin die vroeger met Eman samenwerkten, hebben Eman nooit daarom verlaten maar zijn pas tegen hem gaan opereren toen hij samen ging werken met de N.V.P. Cohen Henriquez verklaarde zich voor het ontwerp-Eman maar besloot desondanks zich van stemming te onthouden om te voorkomen dat hij later vanwege zijn banden met de familie Curiel ook van corruptie beschuldigd zou worden.[262]

Eman probeerde de U.N.A.-leden gerust te stellen met de mededeling dat de formulering in de MvT dat de lening na de afscheiding ten laste van Aruba zou zijn, een 'listpositie' was. Hiermee wilde Eman zeggen, zo legde hij uit, dat het de bedoeling van Aruba was te betalen, maar dat door de toekomstige Staten uigemaakt zal moeten worden of Aruba dat alleen zal betalen.[263] Cohen Henriquez probeerde van zijn kant de D.P. met de volgende uitspraak te sussen:

> Er komt in de wet [de wet, regelende de lening van 1 miljoen gulden] te staan, dat Aruba het betaalt, en of er sommige of vele of een zeer groot aantal Arubanen het er niet mee eens zijn [doelende op de 5 niet-A.V.P.-leden], doet er niet toe. Die wet geldt en zij zullen het moeten betalen, zolang die wet niet veranderd is. Tegen de tijd, dat men voorstelt die wet te veranderen, zijn diegenen, die de wet veranderen, verantwoordelijk.[264]

De Curaçaose oppositieleden bleven van mening dat Eman zich van een list bediend had, zoals hij het zelf toegaf, om Curaçao later voor de lening te laten opdraaien. Het ontwerp werd aangenomen met 10 tegen 9 stemmen. Dussenbroek was afwezig en Cohen Henriquez nam om de eerder genoemde reden geen deel aan de stemming.[265] Met algemene stemmen nam de Staten een motie van D.P.-er Braam aan waarin het Bestuur gevraagd werd een diepgaand onderzoek in te stellen naar eventuele geldelijke vergoedingen gedaan aan Henny Eman door Aruba Trading of andere havenmaatschappijen.[266]

Op 17 maart ontvingen de Staten een brief van de Gouverneur gedateerd 13 maart, waarin hij te kennen gaf bezwaar te hebben tegen vaststelling van de door de Staten op 12 januari 1950 goedgekeurde ontwerplandsverordening Eman.[267] Naar aanleiding van deze brief deelde Eman de Staten mee binnenkort een nieuw voorstel te zullen indienen om de bouw van de vierde kademuur te realiseren. De Staten ontvingen op 31 maart een Gouvernementsdepêche waarin de redenen werden aangegeven voor het niet vaststellen van het ontwerp.[268] Als eerste reden werd genoemd dat het ontwerp in strijd was met de Staatsregeling. Artikel 120 van de Staatsregeling schreef voor dat alle uitgaven en de middelen om die te dekken op de begroting van de Nederlandse Antillen worden aangegeven. Het ontwerp schiep volgens het Bestuur een nieuw middel en vulde zodoende de begroting aan en kwam daardoor op een terrein, dat de Staatsregeling aan de begrotingswetgever, het Bestuur, had voorbehouden. Ten tweede was het Bestuur van oordeel dat het ontwerp vooruit liep op een hogere regeling, namelijk de wijziging van de Staatsregeling. Artikel 15 van het ontwerp behandelde de zelfstandigmaking van Aruba en de begroting van dat eiland als een feit, dat echter in de geen enkele wettelijke regeling neergelegd was. Van een nieuw voorstel van Eman, zoals aangekondigd in de vergadering van 17 maart, is verder gedurende dat zittingsjaar van de Staten niets vernomen. Het Bestuur heeft zodoende de coalitie duidelijk gemaakt dat zij in het najagen van coalitiebelangen nu zo ver was gegaan dat zij, naar het oordeel van het Bestuur, buiten de bevoegdheden van de Staten trad. Het College-Kwartsz gaf hiermee aan dat het beschikken over een stemmenmeerderheid weliswaar toereikend was om vreemde procedures in de Statenzaal te introduceren, maar dat dat nog niet betekende dat de dan genomen besluiten ook door het Bestuur uitgevoerd zouden worden. Zo werden de schermutselingen rond de haven van Aruba en de begroting tussen enerzijds de coalitie en anderzijds het College van Algemeen Bestuur en de oppositie beslecht in het nadeel van de N.V.P./A.V.P.-coalitie.

De val van het College-Kwartsz en de nieuwe formatie

Op 14 januari nam de heer E. C. B. Bartels Daal van de N.V.P. zijn ontslag als Statenlid. De Staten besloten op 2 februari 1950[269] Dr. da Costa Gomez als lid toe te laten. *Dòktor* woonde voor het eerst op 16 februari weer een Statenvergadering bij. De Statenvergaderingen in februari en maart waren primair gewijd aan de formulering van een advies over het ontwerp van wet 'Wijziging van de Curaçaose Staatsregeling' en over het 'Voorlopig Statuut voor Suriname en de Nederlandse Antillen.' De opstelling van Da Costa Gomez ten aanzien van de Interim-regeling en het Voorlopig Statuut zal in hoofdstuk 5 uitvoerig aan de orde gesteld worden. In deze paragraaf beperken wij ons tot die standpunten en daden van Da Costa Gomez die betrekking hadden op het adres der Staten van 31 maart 1950, de val van het College-Kwartsz en de formatie van het Vierde C.A.B.

De verklaring van Da Costa Gomez van 31 maart 1950

De debatten over het advies van de Staten met betrekking tot de ontwerpinterim-regeling werden op 31 maart afgesloten met de bespreking van een ontwerpadres aan de

Staten-Generaal. In dit ontwerpadres deelden de Staten het Nederlandse parlement mee besloten te hebben een delegatie naar Nederland te zullen sturen om het parlement in te lichten over de inhoud en de strekking van het op 7 maart aan de regering uitgebrachte advies. De Staten wensen te vernemen wanneer deze delegatie ontvangen zou kunnen worden. Da Costa Gomez was van mening dat daarmee de schriftelijke voorbereiding van de overgangstijd naar de definitieve rechtsorde was afgesloten, en deelde de Staten mee het dringend noodzakelijk te vinden over te gaan tot de directe voorbereiding van de nieuwe toestand. Vervolgens legde hij namens de coalitie de volgende verklaring af:

> Met waardering voor hetgeen door het huidige College van Algemeen Bestuur onder moeilijke omstandigheden is verricht, verklaren wij, dat thans met het oog op de op handen zijnde algehele staatkundige reconstructie, een College van Algemeen Bestuur dient te worden gevormd, dat op korte termijn alle noodzakelijke maatregelen kan treffen, steunende op de fracties in de Staten, zodat wij niet verder in staat zijn onze medewerking te verlenen voor een continuatie van de bestaande toestand.[270]

De oppositie reageerde niet meteen op de verklaring van de coalitieleider maar richtte haar aandacht eerst op de inhoud van het ontwerpadres. In het adres werd gesteld dat de zetelverdeling een interne aangelegenheid was, die bij landsverordening en niet door de Staten-Generaal vastgesteld moest worden. Nederland had de verdeling 12-8-1-1 voorgesteld. De D.P en de K.V.P. meenden dat het ontwerpadres, welke door een commissie ad hoc was opgesteld, ten doel had de voorgestelde zetelverdeling die Curaçao ten opzichte van de andere eilanden in een betere en rechtvaardiger positie bracht, te torpederen.[271] De Curaçaose oppositiepartijen meenden een poging van de coalitie te bespeuren om de 8-8 verhouding tussen Aruba en Curaçao ook na de Interim-regeling te handhaven en waren daarom tegen het adres. De U.N.A. en Gerharts waren geen voorstander van de door Nederland voorgestelde zetelverdeling die de invloed van alle eilanden ten opzichte van Curaçao aantastte. Zij koesterde de hoop de Staten-Generaal in een voortgezet overleg tot ander gedachten te kunnen brengen en steunden daarom het ontwerpadres dat door de coalitie – Cohen Henriquez uitgezonderd – verdedigd werd. Het advies werd dan ook aangenomen met 12 tegen 6 stemmen. Tegen stemden de heren Debrot, Kroon, Jonckheer, Braam, Croes en Irausquin. Cohen Henriquez had vóór de stemming de zaal verlaten.[272] Tegen het einde van de vergadering heeft Jonckheer tevergeefs geprobeerd de coalitie tot het indienen van een formele motie van wantrouwen te bewegen door te verklaren dat één persoon niet namens een meerderheid van de Staten kan spreken zoals Da Costa Gomez het in zijn verklaring namens de coalitie meende te kunnen doen. Hij achtte de verklaring van generlei waarde als er niet over gestemd werd.

De Staten kwamen pas op 5 mei 1950 weer in openbare vergadering bijeen. Twee zaken van betekenis werden er behandeld; de gebeurtenissen naar aanleiding van de verklaring van Da Costa Gomez en de voordracht voor voorzitter en ondervoorzitter voor het zittingsjaar 1950–51. Er werd een aantal brieven met betrekking tot de verklaring van Da Costa Gomez voorgelezen. Het C.A.B.-Kwartsz had de Gouverneur op 4 april per brief meegedeeld dat haar leden naar aanleiding van eerder genoemde verklaring hun portefeuilles ter beschikking stelden. De Gouverneur liet het College per brief d.d. 5 april weten het ontslag van de Collegeleden niet te aanvaarden omdat niet gebleken was dat de verklaring van Da Costa Gomez de instemming had van de meerderheid der Staten.[273] De Gouverneur deelde de Staten verder per brief d.d. 19 april mee van de fracties van de N.V.P. en de A.V.P. (11 Statenleden) een brief te hebben ontvangen waarin zij te kennen gaven het College alle medewerking te ontzeggen. Naar aanleiding hiervan heeft de Gouverneur besloten de tweede ontslagaanvraag van het College-Kwartsz van 18 april wel te aanvaarden. Hiermee was de val van het College-Kwartsz een feit. De tweede zaak waar de Staten zich in deze bijeenkomst aan wijdden was de voordracht voor voorzitter en ondervoorzitter voor het nieuwe zittingsjaar. Voor het voorzitterschap werden voorgedragen de leden Plantz (eerste kandidaat, 12 stemmen) en Voges (tweede kandidaat, 12 stemmen). Voor het ondervoorzitterschap werden voorgedragen Tromp (eerste kandidaat, 18 stemmen) en Debrot (tweede kandidaat, 11 stemmen).

De formatie van het Vierde College van Algemeen Bestuur

Dr. da Costa Gomez werd verzocht een nieuw College op brede basis te formeren. Alle tot de oppositie behorende partijen weigerden daaraan mee te werken omdat zij het niet eens waren met de wijze waarop *Dòktor* het College-Kwartsz ten val had gebracht. De Democratisch Partij gaf te kennen slechts mee te willen werken aan de totstandkoming van een C.A.B. waarin alle partijen, inclusief de in november 1949 door J. Irausquin en P. Croes opgerichte Partido Patriotico Arubano (P.P.A.), vertegenwoordigd zouden zijn. Dit was voor de A.V.P. onaanvaardbaar, hetgeen de N.V.P. ervan weerhield om een College van alle partijen na te streven. De U.N.A. wenste niet met de A.V.P. in een C.A.B. te zitten.[274] De Interim-regeling die in juli 1950 door de Tweede Kamer was aangenomen, hield onder andere een wijziging van de zetelverdeling in en maakte nieuwe verkiezingen noodzakelijk. Dit betekende dat het te vormen C.A.B. een zeer kort bestaan beschoren was. Het geringe enthousiasme voor het lidmaatschap van een dergelijk College maakt de formatie van een politiek C.A.B. nog wat moeilijker. In augustus zag Da Costa Gomez, na drie maanden proberen, zich genoodzaakt de opdracht terug te geven. Mr. Kwartsz, voorzitter van het demissionaire College, slaagde er op 16 augustus in een nieuw C.A.B. te formeren. De N.V.P.-er Newton en de partijloze Dr. Ir. P. Cohen Henriquez behielden hun posten. De N.V.P.-ers J. van Toorn en Mr. N. Debrot (Bonaire), het U.N.A.-lid J. R. Arends en de A.V.P.-er Lampe werden de nieuwe Collegeleden.

Een evaluatie

Met betrekking tot de voordracht voor een Vertegenwoordiger in Nederland dient allereerst te worden opgemerkt, dat het opmaken en behandelen van die voordracht in de vergadering van 21 juli 1949 plaatsvond door een niet voltallige Staten. De oppositie had de coalitieleden De Lannoy en Buncamper steeds buiten de Staten weten te houden: eerst door te weigeren hun geloofsbrieven te behandelen en later door de Statenvergaderingen van 7 en 8 juli niet bij te wonen. De kwestie van het al of niet handhaven van de toenmalige Vertegenwoordiger kreeg niet de zakelijke behandeling die hij verdiende. Het strijdpunt werd de vraag of de coalitie, die slechts in principe de meerderheid in de Staten had, al of niet in staat zou zijn haar eigen kandidaat als Vertegenwoordiger te doen benoemen. Voor beide kampen werd het een prestigezaak. De zakelijke argumenten van de Gouverneur om de toenmalige Vertegenwoordiger te handhaven kunnen wij, niettegenstaande onze kritiek op de houding van de oppositie, volledig onderschrijven.

De kwestie van de toelating van Buncamper tot de Staten heeft, zoals wij hebben gezien, geleid tot zeer lange debatten over de interpretatie van het Kiesreglement (Artikel 104) en van de Staatsregeling (Artikel 92). De oppositie beweerde ten onrechte dat het Kiesreglement op het punt van geschillen bij toelating van gekozenen tot de Staten in strijd was met de geest van de Staatsregeling. De coalitie had volkomen gelijk door erop te wijzen dat de Nederlandse wetgever bij de invoering van het kiesrecht in de Nederlandse Antillen in 1936, een stelsel heeft willen creëren – net als in Nederland – dat stembureaus zekere geschillen en de Volksvertegenwoordiging weer andere geschillen zouden beslissen. De ogenschijnlijke tegenstrijdigheid van het Kiesreglement met de Staatsregeling was het gevolg van een slordigheid zoals coalitiewoordvoerder Cohen Henriquez betoogd had. Artikel 92 van de Staatsregeling, dat een onbeperkte bevoegdheid tot het beslissen van geschillen aan de Staten gaf, was namelijk door de Nederlandse wetgever overgenomen uit het oude Surinaamse Regeringsreglement van 1865, dat gebaseerd was op de Nederlandse Grondwet van 1848, zonder dat zij bedacht dat de Grondwettekst op dit punt in 1917 was gewijzigd. Het een en ander betekende dat de Staten niet bevoegd waren om de geldigheid van de verkiezing van Buncamper te beoordelen.

De oppositie heeft uit partijpolitieke overwegingen misbruik gemaakt van bovengenoemde slordigheid. De oppositiepartijen hebben eveneens om partijpolitieke redenen de afvaardiging van bepaalde kandidaten van de N.V.P./A.V.P.-coalitie willen voorkomen. Hiertoe heeft de oppositie, door bij herhaling blanco te stemmen, ongetwijfeld misbruik gemaakt van artikel 55 van het Reglement van Orde van de Staten. De eis van de coalitiepartijen op 26 augustus om staande de vergadering een voorstel tot wijziging van het Reglement van Orde te behandelen was echter in strijd met Artikel 79 van datzelfde Reglement, dat het naar willekeur van een toevallige meerderheid wijzigen van het Reglement staande een vergadering wilde beletten. Hiermee schiep de coalitie een gevaarlijk precedent.

Met betrekking tot de havenkwestie delen wij de bezwaren die enkele Statenleden op 5 augustus en 10 november naar voren brachten tegen de door Henny Eman gevolgde procedure. De uitlatingen van enige leden van de oppositie en Henny Eman zelf, hebben de nodige twijfels doen rijzen rond Emans motieven. Het toeschrijven van minder nobele motieven aan Eman door Statenleden die ten tijde van de beweerde corruptie met hem nauw samenwerkten, doet ons ernstig twijfelen aan de integriteit van deze oude bondgenoten van de A.V.P.-leider. Met het doel een breuk in de coalitie te voorkomen heeft de N.V.P., uitgaande van de terugbetaling van de lening door Aruba hetgeen niet één Arubaans Statenlid kon of wilde garanderen, op een ons inziens onverantwoorde wijze de financiering van Emans havenplannen trachten zeker te stellen. Niettegenstaande deze beoordeling van het handelen van de N.V.P. moeten wij de redenering van het Bestuur, neergelegd in het Gouvernementsdepêche van 17 maart 1950, als weinig steekhoudend karakteriseren. Het eerste bezwaar van het Bestuur was dat het ontwerplandsverordening een nieuw middel schiep dat niet op de begroting voorkwam. Uitgaande van deze redenering zou men kunnen stellen dat elke landsverordening die tot dan toe nieuwe inkomsten had geschapen, in strijd was met de Staatsregeling, indien niet tevoren met deze inkomsten bij de indiening van de begroting rekening was gehouden. De coalitie had in het Eindverslag op de Begroting 1950 deze consequentie van het argument van het Bestuur gewezen.[275]

De N.V.P./A.V.P.-coalitie had steeds de mening verkondigd dat in een parlementair stelsel (in opbouw) een parlementair kabinet gevormd moest worden zodra de mogelijkheid daartoe bestond. In de overtuiging dat een parlementair C.A.B. gevormd kon worden na de afhandeling onder het zakenkabinet-Kwartsz van de Begrotingen 1949 en 1950, en de adviezen over de Interim-regeling, besloot de coalitie niet langer haar steun aan dit zakencollege te verlenen. Het falen van Da Costa Gomez om een parlementair College te vormen wijst ons inziens erop dat er eerder sprake was geweest van de overtuiging dat een meerderheidscoalitie het recht heeft een parlementair college na te streven dan van de overtuiging dat de oppositiepartijen bereid waren tot verbreding van de basis van een N.V.P./A.V.P.-college.

DEEL III

DE VERWEZENLIJKING VAN VOLLEDIGE AUTONOMIE

HOOFDSTUK 5

DE INTERIM-REGELING VOOR DE NEDERLANDSE ANTILLEN

Inleiding

DE HISTORISCHE ACHTERGROND

In september 1948, dus nog tijdens de werkzaamheden van de Redactiecommissie voor een Rijksgrondwet waarvan in de tweede paragraaf van hoofdstuk 1 sprake was, kwam een herziening van de Grondwet tot stand, waarbij voor de overzeese gebiedsdelen het nieuwe Veertiende Hoofdstuk van groot belang was. In dit hoofdstuk waren bijzondere bepalingen opgenomen betreffende de overgang naar de nieuwe rechtsorde – de nieuw staatsrechtelijke structuur – voor Nederland, Indonesië, Suriname en de Nederlandse Antillen. Deze grondwetswijzing was in de eerste plaats ingegeven door de revolutie in Indonesië. Niettemin maakt zij datgene wat op de Ronde Tafel Conferentie van januari/ maart 1948 tussen Nederland, Suriname en de Nederlandse Antillen ten aanzien van de staatkundige reorganisatie van het Koninkrijk was overeengekomen, wettelijk mogelijk. Het Veertiende Hoofdstuk bepaalde dat in gemeen overleg een nieuwe rechtsorde zou worden gevestigd (Artikel 208), met dien verstande, dat de drie delen, Nederland, Suriname en de Nederlandse Antillen één Koninkrijk zouden vormen (Artikel 209). Volgens de Nederlandse regering hield dit voorschrift in, dat de Nederlandse Antillen, omvattende zes eilanden, in hun verband tot het Koninkrijk een één-en-ondeelbaar geheel zouden zijn. Dit voorschrift en zijn implicatie waren het resultaat van het reeds gehouden gemeen overleg op de RTC van begin 1948. Artikel 210 bepaalde dat wanneer de overgang naar de nieuwe rechtsorde voorzieningen vorderde waarbij afgeweken werd van andere grondwettelijke bepalingen, deze voorzieningen bij wet zouden worden getroffen; het ontwerp van zodanige wet kon echter slechts worden aangenomen met tenminste tweederde der uitgebrachte stemmen in de Kamers der Staten-Generaal. Artikel 211 stelde vast dat de nieuwe rechtsorde tot stand moest komen door vrijwillige aanvaarding en langs democratische weg in elk der vier gebieden van het Koninkrijk der Nederlanden.

Het uitblijven van zekerheid met betrekking tot de soevereiniteit over Indonesië – het wetsontwerp inzake de overdracht van soevereiniteit van Indonesië bereikte pas eind december 1949 het Staatsblad – bracht de regering ertoe te overwegen, om in afwachting van het vestigen van een definitieve rechtsorde, voor de West-Indische gebieden, binnen het kader van het bestaande Koninkrijk een voorlopige en gedeeltelijk nieuwe rechtsorde voor Suriname en de Nederlandse Antillen tot stand te brengen. De regering wilde die gebiedsdelen niet langer dan nodig was teleurstellen in hun verwachtingen met betrekking tot de inwilliging van hun politieke verlangens.[276] Zij besloot krachtens Artikel 210 van de Grondwet een voorziening ten behoeve van Suriname en de Nederlandse Antillen te treffen die de beloofde autonomie zou realiseren. Middels deze voorziening, de Interim-regeling genaamd, werden twee zaken geregeld:

a. de zelfstandige behartiging van de eigen belangen, dus autonomie, en

b. de behartiging van de gemeenschappelijke belangen op voet van gelijkwaardigheid.

Het tweede punt kon in verband met de toen nog onopgeloste vragen rond de Indonesische kwestie voorlopig niet geheel

worden uitgewerkt.[277] De Interim-regeling, omvattende de
verlening van volledige autonomie aan de Nederlandse
Antillen, was dus het uitvloeisel van een Nederlands initiatief.
Suriname en de Nederlandse Antillen kregen elk een eigen
Interim-regeling.

De reacties op de Interim-regeling tot oktober 1949

Het ontwerp van wet tot wijziging van de Statenregeling
van 1948 werd op 8 maart 1949 aan de Staten aangeboden.
De komst van de Interim-regeling was al op 17 november
1948 aangekondigd door Dr. da Costa Gomez, toentertijd
Vertegenwoordiger en lid van de Redactiecommissie voor
de Rijksgrondwet. Voor een goed begrip van de controverse
tussen de Arubaanse Statenleden onderling en die tussen
hen en de Curaçaose politici naar aanleiding van de Interim-
regeling is het vereist nu het een en ander te vertellen omtrent
het plan-Van Poelje van juli 1948. Op de RTC van 1948, dus
nog voordat de Staatsregeling van 1948 de 8-8 zetelverhouding
had geïntroduceerd, was gebleken dat Aruba niet tevreden
zou zijn met alleen een wijziging van de zetelverdeling.
Middels een motie had Albert Eman op deze conferentie de
Nederlandse regering verzocht een commissie te benoemen
ter bestudering van de Arubaanse wensen ten aanzien van
een afzonderlijke status – status aparte – in de nog te vestigen
nieuwe rechtsorde.[278] Op 14 juni werd de commissie Aruba-
Curaçao onder voorzitterschap van Prof. Dr. G. A. van Poelje,
lid van de Raad van State, ingesteld. Op 19 juli 1948 verscheen
het rapport van deze commissie met als bijlage een ontwerp van
een landsgrondwet voor de Verenigde Nederlandse Antillen.
Het rapport stelde een federatie van de zes eilanden voor, met
de volgende kenmerken:[279]

a. zelfstandigheid voor elk land,

b. samenwerking in geordend verband, waar de belangen

van de eilanden dit vereisten (deze belangen zouden van te voren omschreven moeten worden),

c. verbondenheid met Nederland in het te ontwerpen Koninkrijk nieuwe stijl.

De commissie waarin onder andere acht Arubanen zitting hadden, stelde per eiland een eigen volksvertegenwoordiging, Volksraad genaamd, voor, die gestalte moest geven aan de zelfstandigheid. Er moest een overkoepelende Federale Raad ten behoeve van de samenwerking komen, bestaande uit vijftien leden, van wie de volksraden van Aruba en Curaçao elk vijf, die van Bonaire twee, en die van de Bovenwindse Eilanden elk één zouden afvaardigen. Een minderheid van vijf leden moest bevoegd zijn tegen besluiten van de Federale Raad beroep in te stellen bij de Rijksregering. Alle Arubaanse leden van de Commissie gaven hun goedkeuring aan het plan-Van Poelje. Ook op andere eilanden werd het plan zeer positief ontvangen. De regering wilde het plan op de eerstvolgende RTC in behandeling brengen.

Hoe reageerden de Arubanen nu op de aankondiging van een Interim-regeling? Op Aruba had de U.N.A. zich tegen de Interim-regeling uitgesproken. Deze regeling ging volgens de U.N.A. in tegen het plan-Van Poelje dat een autonoom Aruba binnen de Antilliaanse federatie in het vooruitzicht gesteld had. De A.V.P. was zeker tot 4 maart van mening dat de Interim-regeling niet tegemoet kwam aan de Arubaanse wens tot afscheiding van Curaçao. Henny Eman noemde de regeling dan ook '*e ley bisti koe un mascarada di libertad pero koe un corazon di esclavidud, di sentimiento kolonial.*'[280]

Vanaf juni 1949 verklaarde Henny Eman echter voorstander te zijn van de Interim-regeling. Deze stap kwam nadat Professor Van Poelje Albert Eman per telegram had laten weten dat de invoering van de Interim-regeling een noodzakelijke stap was op weg naar verwezenlijking van het plan dat zijn naam droeg.[281] Sindsdien noemde A.V.P. het plan-Van Poelje 'de maag' en 'het hart' van de Interim-regeling.[282] Irausquin, die op 3 mei uit de A.V.P. was getreden, begon reeds in juni een campagne tegen de Interim-regeling, die volgens hem de realisatie van het plan-Van Poelje in de weg stond. In hoofdstuk vier hebben wij al aangegeven dat Irausquin in november 1949 de politieke partij P.P.A. had opgericht die zich ten doel stelde het zelfbeschikkingsrecht van Aruba op grondslag van het rapport-Van Poelje te verkrijgen.

Ook op Curaçao bleven, na maart 1949, de meningen over de Interim-regeling verdeeld. De N.V.P. verkondigde bij monde van Da Costa Gomez dat de Interim-regeling zoals die in maart 1949 in voorontwerp was gepresenteerd, volledige autonomie zou schenken.[283] De D.P. herhaalde in mei de vrees die zij in januari tegenover Minister Van Schaik had uitgesproken.[284] De Democraten zeiden bang te zijn dat, indien de Interim-regeling eenmaal zonder wijzigingen aanvaard werd, de Nederlandse Antillen lang zouden moeten wachten op de definitieve regeling, die de volledige autonomie moest brengen. Deze partij meende namelijk dat er in de Interim-regeling punten te vinden waren – hierover later meer – die in strijd waren met het begrip autonomie. De K.V.P.-leider Debrot was van mening dat de Interim-regeling in de richting van de definitieve Koninkrijksconstitutie ging en dat de Antillen hem daarom moesten aanvaarden. Wel achtte Debrot het noodzakelijk dat bij de uitwerking van de regeling de 8-8 zetelverhouding gewijzigd werd.[285]

De inhoud van de Interim-regeling

Zoals aangegeven in de vorige paragraaf wilde de Nederlandse regering twee zaken in de Interim-regeling vastleggen. Het eerste en meest belangrijke punt was de overdracht van de verantwoordelijkheid voor de eigen Antilliaanse aangelegenheden aan de Antilliaanse uitvoerende en wetgevende organen (invoering van autonomie en parlementaire democratie). Het tweede punt was de afbakening van de gemeenschappelijke belangen van Nederland, Suriname en de Nederlandse Antillen die gezamenlijk op voet van gelijkwaardigheid behartigd moesten worden. Wij zullen eerst dit tweede punt behandelen.

De gemeenschappelijke aangelegenheden

Ofschoon de afhandeling van de Indonesische kwestie nog afgewacht moest worden, werd met betrekking tot de gemeenschappelijke belangen een aantal belangrijke bepalingen in de Interim-regeling opgenomen.[286] Zo werd de door de Landsregering van de Antillen benoemde Algemene Vertegenwoordiger in Nederland in staat gesteld met raadgevende stem deel te nemen aan het ministerieel overleg over aangelegenheden waarbij de Nederlandse Antillen betrokken zijn (Artikelen 6–8). In hun Eerste Advies over de Interim-regeling (13 oktober 1949) hebben de Staten kenbaar gemaakt, dat zij de Algemene Vertegenwoordiger als een administratieve ambtenaar zagen, ondergeschikt aan de Regeringsraad en dus politiek niet verantwoordelijk. Verder kon de Kroon, na overleg met de Landsregering van de Nederlandse Antillen een staatsraad in buitengewone dienst benoemen, belast met behartiging van de Antilliaanse zaken. Hij zou in de gelegenheid gesteld worden aan de werkzaamheden van de Raad van State deel te nemen in alle gevallen, waarin dit orgaan gekend werd over zaken waarbij de Nederlandse Antillen betrokken zijn (Artikel 9). Tevens werd de gelegenheid geschapen om ten hoogste drie gedelegeerden van de Nederlandse Antillen de openbare beraadslaging van de Kamers der Staten-Generaal te laten bijwonen wanneer het een ontwerp betrof van een voor de Nederlandse Antillen verbindende wet of een andere aangelegenheid waarbij de Nederlandse Antillen betrokken zijn. De gedelegeerden konden mondeling de voorlichting aan de Kamers verstrekken die zij nodig achtten (Artikel 14). Ook ten aanzien van verdragen en andere overeenkomsten met vreemde mogendheden of internationale organisaties bevatte de regeling dergelijke bepalingen.

Artikel 2 bepaalde dat de Nederlandse Antillen hun inwendige aangelegenheden zelf zouden verzorgen. Wat niet inwendig was, zou gemeenschappelijk of bij de wet (dat wil zeggen door de Nederlandse regering met tussenkomst van de Kamers) geregeld worden. Ter afbakening van de bevoegdheden gaf Artikel 2 limitatief aan wat niet tot de inwendige aangelegenheden gerekend diende te worden:[287]

a. al hetgeen betreft het handhaven van de onafhankelijkheid en de verdediging van het Koninkrijk en de verzekering van de waarborgen als bedoeld in Artikel 208 van de Grondwet; (deze waren de waarborgen voor de rechtszekerheid, de fundamentele rechten en vrijheden, en deugdelijk bestuur)

b. al hetgeen betreft de verdragen en andere overeenkomsten met vreemde mogendheden en internationale organisaties en de uit het volkenrecht voortvloeiende rechten en verplichtingen in het algemeen;

c. de regeling van het auteursrecht en de industriële eigendom;

d. de regeling op het stuk van maten en gewichten;

e. het stellen van algemene voorwaarden voor de uitgifte van zeebrieven;

f. al hetgeen betreft de luchtvaart, met uitzondering van het verlenen van vergunningen tot de exploitatie van binnenlandse luchtlijnen;

g. de bevordering van de culturele en sociale betrekkingen tussen Nederland en de Nederlandse Antillen;

h. het toezicht op de algemene voorwaarden betreffende de toelating, vestiging en uitzetting van Nederlanders. [Op aandringen van de Staten werd het volgende hieraan toegevoegd]. Dit toezicht zal worden uitgeoefend met inachtneming van de bevoegdheid van de Nederlandse Antillen zodanige regelingen te treffen als nodig zijn ter bescherming van het algemeen belang van dat land;

i. de bevordering van doelmatige economische en financiële betrekkingen tussen Nederland en de Nederlandse Antillen;

j. het overleg omtrent vraagstukken van internationaal karakter inzake munt- en geldwezen, bank- en deviezenpolitiek;

k. het toezicht op het internationaal en interregionaal verkeer;

l. de bevordering van de economische weerbaarheid door onderlinge hulp en bijstand van Nederland en de Nederlandse Antillen, waaronder begrepen het bevorderen, dat wettelijke regelingen ten aanzien van beroeps- en bedrijfsuitoefening voor Nederlanders gelijkelijk gelden. (Op aandrang van de Staten is ook hier de beperking als bij punt h opgenomen.)

Uitgaven met betrekking tot de niet-inwendige aangelegenheden kunnen – indien de landsregering heeft verklaard daartegen bezwaar te hebben – niet ten laste van de Nederlandse Antillen worden gebracht dan bij wet, na gepleegd overleg, en voor zover zij strekken ten nutte van de Nederlandse Antillen en in overeenstemming zijn met hun draagkracht. Dit betekende dat alleen kosten, welke geheel ten nutte van de Nederlandse Antillen zijn, dit gebiedsdeel in rekening gebracht kunnen worden en dat nog voor zover dit overeenstemt met hun draagkracht. De mogelijkheid om regeling van niet-inwendige aangelegenheden te delegeren aan Landsorganen van de Nederlandse Antillen is opengelaten. De Ronde Tafel Conferentie, waarop de definitieve rechtsorde tot stand gebracht zou worden – uiteindelijk begonnen in 1952 – zou zich onder andere over deze gemeenschappelijke Koninkrijksaangelegenheden buigen. Met het bovenstaande, te weten regeling ter behartiging van gemeenschappelijke belangen en de opsomming van de niet-inwendige aangelegenheden, hebben wij een overzicht gegeven van de inhoud van de Interim-regeling voor zover deze niet de Landsregeling – de nieuwe benaming voor de Staatsregeling – van de Nederlandse Antillen betrof.

DE LANDSREGELING NEDERLANDSE ANTILLEN

De Interim-regeling is na zeer moeizaam overleg tussen Nederland en de Nederlandse Antillen tot stand gekomen. Het Eerste Advies van de Staten op het reeds in maart 1949 ontvangen voorontwerp kwam als gevolg van de verkiezingen, de formatie en de bestuurscrisis pas in oktober gereed. Nadien volgde er een hevige politieke strijd op de Antillen met betrekking tot het regeringsvoorstel tot wijziging van de zetelverdeling in de Staten. Deze strijd werd pas begin juli 1950 beslecht toen een breed samengestelde Antilliaanse delegatie zich in Den Haag met het voorstel akkoord verklaarde. Bij de weergave van het proces waarin de bepalingen van de Landsregeling hun uiteindelijke redactie kregen, zullen onze selectie en rangschikking van de bepalingen bepaald worden door ten eerste de mate waarin een bepaling de verkregen autonomie weergeeft en ten tweede de mate waarin een bepaling tot controverses heeft geleid.

Het eigen verantwoordelijk bestuur. In het Tweede Hoofdstuk (De Gouverneur) en het Derde Hoofdstuk, Derde Afdeling (De Regeringsraad) worden geregeld:

a. de zelfstandige behartiging van de interne aangelegenheden en

b. een eigen, aan de volksvertegenwoordiging verantwoordelijk bestuur.

Hiermee kwam de Landsregeling tegemoet aan twee van de drie hoofdpunten van de nagestreefde autonomie. De positie van de Gouverneur onderging een belangrijke wijziging doordat nu een onderscheid is gemaakt tussen zijn taak als hoofd van de aan de volksvertegenwoordiging verantwoordelijke Landsregering en zijn taak als rijksorgaan. De Landsregering is de Gouverneur en de Regeringsraad tezamen. In de eerstgenoemde positie vertegenwoordigt de Gouverneur de Koning, die het bestuur over de inwendige aangelegenheden niet langer onder verantwoordelijkheid van de Nederlandse ministers uitoefent, maar onder die der Landsregering. Dit betekende dat de Gouverneur als hoofd van de Landsregering aan niemand verantwoordelijk is gesteld; de leden van de Regeringsraad zijn immers voor hem verantwoordelijk. Als orgaan van het Koninkrijk behartigt de Gouverneur de Koninkrijksbelangen en neemt uitsluitend in verband met deze belangen 's Konings aanwijzingen in acht. De bepalingen betreffende de positie van de Gouverneur en de verantwoordelijkheid van de Regeringsraad luidden als volgt:[288]

- (Artikel 28, Tweede Hoofdstuk) De Gouverneur is hoofd van de Landsregering; de leden van de Regeringsraad zijn verantwoordelijk aan de Staten.

- (Artikel 29, Tweede Hoofdstuk) De Gouverneur heeft de uitvoerende macht.

- (Artikel 1, Reglement voor de G.)

  1. De Gouverneur is vertegenwoordiger des Konings.

  2. Hij wordt door de Koning benoemd en ontslagen.

- (Artikel 68.1, Derde Hoofdstuk, 3ᵉ afd.) De Landsregering van de Nederlandse Antillen wordt gevormd door de Gouverneur en de Regeringsraad.

- (Artikel 68.3.) De leden van de Regeringsraad worden na overleg met de Staten, de Raad van Advies gehoord, benoemd door de Gouverneur.

De Staten hadden het regeringsvoorstel om het in Artikel 68, lid 3 genoemd overleg uit de Staatsregeling van 1948 te schrappen, verworpen. In hun eerste advies schreven zij:

> De inmiddels opgedane ervaring [met onder andere de belangrijke rol die de 'persoonskwestie' speelde] wijst er al op, dat zelfs met de oude redactie, welke een overleg eist, geen bevredigend geheel wordt verkregen. Ten einde een grotere zekerheid voor een goede samenwerking te verzekeren menen de Staten, dat het aanbeveling zou verdienen te bepalen, dat de totstandkoming van het C.A.B. dient te geschieden in overleg met de Staten.[289]

De verdeling van de Statenzetels. In de inleiding op dit hoofdstuk hebben wij laten doorschemeren dat de zetelverdeling één van de meest controversiële punten van de Interim-regeling is geweest. De verdeling van de Statenzetels hield, zoals wij al meerdere keren in dit werk hebben geconstateerd, nauw verband met de Arubaanse wens tot afscheiding van Curaçao. Omwille van een goed begrip van de rol die de afscheidingsgedachte van Aruba bij de totstandkoming van de

Interim-regeling gespeeld heeft, moeten wij eerst terugblikken op de relatie tussen Aruba en de rest van de Nederlandse Antillen vóór 1949. De afscheidingsgedachte vond haar voornaamste oorzaak in de streng gecentraliseerde bestuursvorm van de Nederlandse Antillen. Het bestuur op de eilanden buiten Curaçao werd sinds 1901 verzorgd door een Raad van Politie bestaande uit de gezaghebber en twee, met een zeer beperkt kiesrecht, gekozen leden. De bevoegdheid van de Raad beperkte zich tot het indienen van een wenselijkheidbegroting bij het centrale bestuur. Bij de invoering van de Staatsregeling van 1936 werden de Raden van Politie formeel opgeheven en werd de mogelijkheid gecreëerd om een bepaalde mate van centralisatie te realiseren. Pas in 1942 nam het Bestuur, middels de instelling van de zogenaamde Commissie-Oppenheim een stap in de richting van decentralisatie. Hoewel deze commissie begin 1944 haar verslag uitbracht, bereikte het bestuursontwerp voor de decentralisatie de Staten pas op 20 februari 1946. Naar aanleiding van het positief antwoord van de Koningin op de autonomiepetitie besloten de Staten tot uitstel van de behandeling van het ontwerp. De RTC van 1948, het rapport-Van Poelje en de Staatsregeling van 1948 hadden de inhoud van het ontwerp ondertussen geheel onbruikbaar gemaakt. Op Aruba en in de Staten werd Henny Eman de voornaamste woordvoerder van de Arubanen die een bestuursdecentralisatie nastreefden. De eis tot afscheiding van Aruba werd voor het eerst in september 1947 door Henny Eman openlijk uitgesproken.[290] Deze eis was niet ondersteund door een duidelijk plan, maar was veel meer een dreigement waarmee men concessie – zoals de instemming van Curaçao met de 8-8 zetelverhouding – ten behoeve van Aruba hoopte te verkrijgen. De wens tot afscheiding werd als gevolg van de groeiende economische betekenis van Aruba steeds groter. Het reeds lang gevoelde gemis aan lokaal bestuur werd niet weggenomen door de 8-8 zetelverhouding. In 1949 was het nog zo dat voor posten, die al lang op de begroting waren goedgekeurd, toch nog een beschikking uit Curaçao (C.A.B.) moest worden afgewacht voor bedragen boven 300 gulden.[291] De roep om eilandelijk zelfbestuur bleef en elke gedachte aan wijziging van de zetelverhouding werd gewantrouwd zolang de zelfstandigheid van Aruba niet gerealiseerd was.[292]

Toen bij de herziening van de Staatsregeling in 1950 de mogelijkheid overwogen werd om door een Eilandenregeling aan de eilandgebieden een zeer grote mate van zelfstandigheid toe te kennen, wenste de regering af te zien van de weinig reële zetelverdeling (8-8-2-3) van 1948. Zoals te verwachten was kwam er een langdurige gedachtewisseling tot stand. Allereerst ging Minister Van Schaik in januari 1949 naar Curaçao en Aruba om de bedoeling van de Interim-regeling uiteen te zetten. Eind november 1949 ging de Antilliaanse Vertegenwoordiger in Nederland voor overleg naar de Antillen en tenslotte overlegde een Antilliaanse delegatie met de Commissie van Voorbereiding van de Tweede Kamer in juli 1950. De Staten brachten vier adviezen op de Interim-regeling uit; in oktober en december 1949 en in maart en juni 1950. In het voorontwerp van maart 1949 was de zetelverdeling niet ter sprake gebracht. De reden hiervoor werd achteraf in de Memorie van Toelichting van 9 mei 1950 aangegeven.[293] De verkiezingen van de Staten moesten toen nog plaatsvinden en de regering vond het vlak vóór de verkiezingen niet opportuun om uit te spreken dat zij bedenkingen had tegen de samenstelling van de Staten. De spanningen rondom en na de verkiezingen versterkten de regering in haar mening dat de zetelverdeling niet gehandhaafd kon worden, doch ook dat iedere wijziging op verzet kon stuiten van hen die bij het bestaande stelsel in een uitzonderlijk gunstige positie zaten. Hierom hield de Vertegenwoordiger van de Nederlandse Antillen eind 1949 eerst voeling met de autoriteiten, groepen en personen op de Antillen, alvorens de regering een wijziging in het ontwerp voorstelde.

De Staten repten in hun Eerste Advies (13 oktober
1949) niet over de zetelverdeling. Wel raadde Mr. E.
Cohen Henriquez in zijn minderheidsnota een wijziging
van de bestaande zetelverhouding aan.[294] De Arubanen A.
E. Irausquin en P. Croes stelden in hun minderheidsnota
de zelfstandigheid van de eilanden primair en spraken de
mening uit, dat na de verzelfstandiging van de eilanden
verder gebouwd kon worden aan de vertegenwoordiging
in de Staten of de Federale Raad.[295] Eind november vroeg
Vertegenwoordiger M. P. Gorsira namens de regering
de mening van de Staten over een tweekamerstelsel ter
oplossing van de kwestie van de zetelverdeling. Het
voorstel behelsde een Staten bestaande uit twee colleges;
een Volksraad bestaande uit 21 leden gekozen op basis
van evenredige vertegenwoordiging en een Federale Raad,
waarin elk eilandgebied naar de verhouding zoals in het
rapport-Van Poelje aangegeven (5-5-2-3), vertegenwoordigd
zou zijn. De leden van de Federale Raad zouden,
conform eerdergenoemd rapport, door de eilandelijke
volksvertegenwoordiging aangewezen worden. De Federale
Raad zou slechts de bevoegdheid hebben tot kennisneming
van een eenmaal door de Volksraad goedgekeurd ontwerp
en daardoor slechts een beroepsinstantie zijn voor vijf of
meer leden van de Volksraad. Hierdoor zou Aruba altijd in
beroep kunnen gaan bij de Federale Raad. Tevens zouden vijf
of meer leden van de Volksraad in beroep kunnen gaan bij
de Kroon indien een door de Federale Raad goedgekeurde
landsverordening naar hun mening de belangen van een
of meer eilandgebieden ernstig zou schaden.[296] De Staten
besteedden amper aandacht aan dit voorstel. Wèl stemden
zij over een vijftal eigen voorstellen waarvan slechts één
van een tweekamerstelsel uitging. Alleen het voorstel-Tromp
om de bestaande zetelverhouding te handhaven werd
aangenomen. Slechts mevrouw de Lannoy stemde als enige
uit Curaçao voor dit voorstel dat met 12 tegen 8 stemmen

aangenomen werd. Het voorstel van Cohen Henriquez voor invoering van een 12-8-2-3 verhouding werd verworpen hoewel alle acht Curaçaose leden er hun stem aan gaven.[297] De D.P. en de K.V.P. hielden op respectievelijk 12 en 14 december protestmanifestaties tegen de onevenredige 8-8-verhouding. De Democraten zonden naar aanleiding daarvan een protesttelegram naar de Minister van Overzeese Gebiedsdelen; een K.V.P.-telegram ging naar de Koningin.[298]

De regering die meedeelde vastberaden te zijn niét in de bestaande zetelverdeling te willen berusten, legde op 29 januari een wijziging van de zetelverdeling aan de Staten voor. Het stemmenoverwicht van de eilanden buiten Curaçao liet zich weer voelen toen op 2 februari een meerderheid voor de motie Amelink om het regeringsvoorstel ter kennisgeving aan te nemen, bleek te bestaan. Van de twintig aanwezige Statenleden stemden alle leden uit Curaçao en de leden uit St. Maarten en St. Eustatius tegen.[299] In antwoord op het verzoek van de Staten om een delegatie voor overleg naar Nederland te mogen sturen, deelde de regering de Staten mee, dat nu haar voorstel voor kennisgeving was aangenomen, de grondslag voor verder overleg was weggevallen.[300] Op 6 maart 1950 trokken de Staten de motie-Amelink dan ook in en besloten alsnog een advies uit te brengen op het voorstel tot wijziging van de zetelverhouding. In dit Derde Advies spraken de Staten zich unaniem uit tegen het voorgesteld beroep op de Kroon omdat dat naar het oordeel van de leden moeilijk te verenigen was met een autonome staatsinrichting.[301] De Staten deden een eigen voorstel dat geen enkele vorm van beroep bevatte en de mogelijkheid opende bepaalde onderwerpen, welke niet onder de landelijke bevoegdheid vielen, aan de regeling bij landsverordening te onttrekken en eilandsgewijs te doen regelen.[302] De regering nam in de volgende woorden scherp stelling tegen dit voorstel:

> Het draagt dus niet alleen met betrekking tot het regeringsvoorstel een destructief karakter, maar het draagt ook de kiem in zich van de ontbinding van de Nederlandse Antillen als een ondeelbaar rijksdeel.[303]

Verder deelde de Staten mee een vaststelling van de zetelverdeling niet urgent te vinden; zij wilden eerste de autonomie van alle eilanden veilig stellen. Zij wensten – conform een amendement van Da Costa Gomez van 6 maart – de zetelverdeling uit de Interim-regeling te lichten en bij algemene maatregel van bestuur te laten vaststellen na overleg met een Statendelegatie. In de Memorie van Toelichting betoogde de regering dat na de Interim-regeling onmiddellijk een begin gemaakt zou worden met het overleg ter vaststelling van de definitieve rechtsorde. Artikel 211 van de Grondwet eiste, dat deze nieuwe rechtsorde tot stand kwam door vrijwillige aanvaarding en langs democratische weg. Dit zou dan bij Landsverordening moeten geschieden:

> Aanvaarding [van deze landsverordening] door de Staten in hun tegenwoordige samenstelling, waarin vertegenwoordigers van 30% der stemgerechtigden aan de overigen hun wil kunnen opleggen, zou onmogelijk, door de Regering kunnen worden gequalificeerd als te zijn 'langs democratische weg.[304]

Dit was de eerste overweging van de regering om een wijziging van de zetelverdeling na te streven. De tweede overweging was dat volgens de regering eisen van redelijkheid en billijkheid toepassing van het stelsel van evenredige vertegenwoordiging voorschreven, zij het echter dat, vanwege de economische belangrijkheid en het bevolkingsaantal van Aruba, van dat stelsel afgeweken moest worden ten gunste van Aruba. Gelet op bevolkingsaantal en economische betekenis kon, zo meende de regering, echter met één zetel voor de Bovenwindse

Eilanden en één voor Bonaire worden volstaan. Op grond van deze gedachtegang wenste de regering de verdeling Curaçao 12, Aruba 8, Bonaire 1 en de Bovenwindse Eilanden 1 voor te stellen.[305] Voor een cijfermatige ondersteuning van deze tweede overweging willen wij verwijzen naar bijgaande staat – Tabel 4 – uit de Memorie van Toelichting.[306]

Tabel 4:							
	Bevolkingssterkte op 1 Jan. 1946	% Bevolkingssterkte op het totaal	Aantal stemgerechtigden op het totaal	% Stemgerechtigden op het totaal	Aantal afgevaardigden in de Staten	Aantal stemgerechtigden per afgevaardigden	Waarde per uitgebrachte stem uitgedrukt in dis van een stemgerechtigden Curaçao
Curaçao	81296	60,76%	37688	69,67%	8 = 38%	4711	1
Aruba	42764	31,96%	12819	23,69%	8 = 38%	1602	3 x
Bonaire	5816	4,35 %	2224	4,11%	2 = 9½%	1112	4¼ x
St. Maarten	1744	1,3%	578	1,07%	1 = 4¾%	578	8 x
Saba	1203	0,9%	451	0,83%	1 = 4¾%	451	10½ x
St. Estatius	976	0,73%	347	0,63%	1 = 4¾%	347	13¼ x
Totaal	133799	100%	54107	100%	21; 99¾%		
Bovenwinden tezamen	3923	2,93%	1376	2,53%	3 = 14¼%	458	10¼

Bij een verhouding Curaçao 12 afgevaardigden, Aruba 8, Bonaire 1 en de Bovenwinden 1, zouden de kolommen 5, 6 en 7 er als volgt uitzien:

Curaçao   12 = 54½%   3140   1x
Aruba   8 = 36½%   1602   19/20x
Bonaire   1 = 4½%   2224   1²/₅x
Bovenwinden   1 = 4½%   1376   2¼x

Totaal   22 = 100%

Bij de verkiezingen in 1949 werden in totaal uitgebracht 44 809 geldige stemmen. De kiesdeler zou derhalve bij een zuiver evenredigheidsstelsel 2 134 bedragen. In dat geval zouden voor Curaçao 14 en voor Aruba 5 leden zijn gekozen, terwijl Bonaire en Bovenwinden de kiesdeler niet zouden hebben gehaald (respectievelijk slechts 81 en 59 %). De restzetels zouden dan aan Aruba en Curaçao toevallen.
Bron: Van Heldingen, Staatsregeling, 154.

De regering betoogde dat het plan-Van Poelje wel degelijk als basis van de Interim-regeling had gediend, namelijk in die zin dat het Vijfde Hoofdstuk van de regeling de weg naar eilandelijke autonomie vrij maakte. De regering probeerde tenslotte de kleine eilanden gerust te stellen door in Artikel 100 van de Landsregeling de mogelijkheid te scheppen om, indien de behoefte daaraan zou blijken, bij algemene maatregel van bestuur een beroepsinstantie in het leven te roepen. Blijkens het Voorlopige Verslag kon de meerderheid der Tweede Kamerleden zich vinden in de overwegingen van de regering om de zetelverdeling te wijzigen.[307] Ook waren vele leden met de regering van oordeel, dat een herverdeling van de zetels bij wet en niet bij algemene maatregel van bestuur – zoals het Derde Advies vroeg – geregeld moest worden. Naar aanleiding van het verzoek van de voorzitter der Tweede Kamer aan de Staten[308] om alvorens een delegatie naar Nederland af te vaardigen, eerst een uitputtende schriftelijke uiteenzetting met betrekking tot onder andere de zetelverdeling te zenden, stelden de Staten het Vierde Advies van 2 juni 1950 op.[309] In haar Memorie van Antwoord bracht de regering naar voren dat het Vierde Advies geen enkel nieuw gezichtspunt aan de orde bracht of een bestaand standpunt verduidelijkte.[310] Zij achtte hierom nader overleg met een Statendelegatie zinloos; wel stelde de regering vast dat zij een beslissing van de Kamers om een Statendelegatie te ontvangen geheel aan de Kamers zelf liet. De Commissie van Voorbereiding heeft begin juli een Statendelegatie bestaande uit Plantz (Statenvoorzitter), Da Costa Gomez, Debrot, Kroon en Tromp ontvangen. Het delegatielid Henny Eman was verhinderd de reis te maken. Na twee vergaderingen met de Commissie besloot de delegatie eenstemmig om af te zien van de bezwaren tegen het regeringsvoorstel met betrekking tot de zetelverdeling. Dit resultaat was, aldus het Verslag van de Tweede Kamer van 10 juli voor een belangrijk deel het gevolg van de mening, dat de Interim-regeling autonomie aan de Antillen zou geven, terwijl verder verzet tegen de regeling tot een zeer langdurig uitstel zou kunnen leiden.[311] Verder kwam de delegatie tot de conclusie, dat de totstandkoming van een goede eilandenregeling de moeilijke kanten van de zetelverdeling voor Aruba zou wegnamen. Op 11 juli 1950 werd het ontwerp van wet voor de Interim-regeling, incluis de zetelverdeling 12-8-1-1, zonder hoofdelijke stemming in de Tweede Kamer aangenomen.[312] Tijdens het overleg van de Commissie van Rapporteurs uit de Eerste Kamer met de eerdergenoemde delegatie bleek, dat alle delegatieleden, met uitzondering van F. B. Tromp, een spoedige totstandkoming van de Interim-regeling van groot belang achtten. De Eerste Kamer nam het ontwerp op 27 september zonder hoofdelijke stemming aan.[313]

Andere betwiste onderwerpen. In onderstaand onderdeel bespreken wij enkele bepalingen die, aangezien zij een andere uitwerking gaven aan de inmiddels behandelde twee hoofdpunten van de autonomie, tijdens de voorbereiding van de Interim-regeling ook tot meningsverschillen geleid hebben.

A. DE POSITIE VAN DE PROCUREUR-GENERAAL

Het Zevende Hoofdstuk, Tweede Afdeling betreffende de samenstelling van de rechterlijke macht bevatte in de eindversie van de Interim-regeling een artikel waar veel om te doen is geweest in het overleg tussen Statenleden onderling en tussen hen en de regering. Het betreffende

(Artikel 142) luidde in 1948: Het openbaar ministerie bij het hof van justitie wordt uitgeoefend door of namens de procureur-generaal. In 1950 werden hier 3 leden aan toegevoegd, luidende als volgt:

i. De procureur-generaal wordt door de Regeringsraad, in overleg met de Gouverneur als orgaan van het Koninkrijk, benoemd en ontslagen.

ii. Zijn bezoldiging wordt door de Gouverneur vastgelegd onder goedkeuring des Konings.

iii. In geval van belet of ontstentenis van de procureur-generaal voor langere duur wordt door de Regeringsraad, in overleg met de Gouverneur als orgaan van het Koninkrijk, in de vervanging voorzien.[314]

In tegenstelling tot Suriname maakte men in de Antillen krachtig bezwaar tegen het oorspronkelijke regeringsvoorstel om de procureur-generaal door de Kroon te doen benoemen. Dit bezwaar vloeide voort uit de omstandigheid dat de procureur-generaal in de Nederlandse Antillen naast hoofd van het Openbaar Ministerie ook algemeen hoofd van de politie was. De Staten erkenden het feit dat de onafhankelijke positie van justitie gewaarborgd diende te worden. De bezwaarde Statenleden zagen de zorg voor de politie als een interne Antilliaanse aangelegenheid, zodat benoeming van het algemeen hoofd der politie door een niet-Antilliaans orgaan in hun ogen een aantasting van de autonomie betekende. De D.P. was de meest prominente opponent tegen dit regeringsvoorstel.[315] Drie N.V.P.-ers maakten deel uit van die opponerende Statenmeerderheid. Een minderheid bestaand uit Cohen Henriquez, Debrot, Gerharts en Dussenbroek was echter van mening, dat de procureur-generaal niet alleen als hoofd van het Openbaar Ministerie, maar ook als algemeen hoofd der politie door de Kroon moest worden benoemd, aangezien alleen daardoor gegarandeerd kon worden dat partijpolitieke aspiraties bij de benoeming geen doorslaggevende rol zouden spelen.[316] In haar tweede voorstel van november 1949 zocht de regering de oplossing in een compromis en stelde zij voor de procureur-generaal te doen benoemen en ontslaan door de Regeringsraad in overleg met de Gouverneur als orgaan van het Koninkrijk. In dit voorstel werd zowel het initiatief van de Regeringsraad als de waarborg voor de gevreesde politieke beïnvloeding opgenomen.

De Staten stelden in hun Tweede Advies voor dat lid 2 van Artikel 142 als volgt werd gelezen:

> De procureur-generaal wordt benoemd door de Regeringsraad in overleg met de Gouverneur als orgaan van het Koninkrijk en na overleg met de Gouverneur door Regeringsraad ontslagen.[317]

Als toelichting hierop brachten de Staten naar voren dat de eis van overeenstemming voor het ontslag die besloten lag in de zinsnede 'in overleg met,' tekort zou doen aan de verantwoordelijkheid van de Landsregering tegenover de volksvertegenwoordiging over het beleid van deze justitie- en politieautoriteit, hetgeen in een democratisch staatsbestel ongewenst was. De Staten gaven de regering dan ook in overweging om het ontslag *na* overleg met de Landsregering te doen plaatsvinden. Dit standpunt handhaafden de Staten – de N.V.P. incluis – in het Derde Advies van 7 maart 1950. In het Vierde Advies van 2 juni wezen de Staten nogmaals op de bijzondere positie van de procureur-generaal in de Antillen, namelijk als hoofd van de politie, een functie die niets te maken had met de normale taak van de staande magistratuur. In het bij dit Vierde Advies gevoegde minderheidsnota handhaafden de leden Debrot en Gerharts hun mening dat de procureur-generaal door de Kroon benoemd moest worden. De Tweede Kamer vond, blijkens het Voorlopig Verslag, dat de regering in haar tegemoetkomende houding jegens de bezwaren van de Staten reeds te ver was gegaan.[318] Tijdens het beraad van de Statendelegatie met de commissies uit beide Kamers der Staten-Generaal stemden de delegatieleden uiteindelijk in met het regeringsvoorstel van november 1949. Artikel 142 werd dan ook in de door de regering voorgestelde redactie door de Staten-Generaal aangenomen.

B. De defensie van het Koninkrijk

De regering stelde een artikel over de dienstplicht voor waarvan het 3^e lid luidde (Artikel 164):

De dienstplichtigen, dienende bij de landmacht, mogen zonder hun toestemming niet dan krachtens een landsverordening naar elders worden gezonden.[319]

Op initiatief van de Democratische Partij stelden de Staten in hun meerderheidsadvies van 13 oktober 1949 vast dat zij artikel 164 zodanig gewijzigd zouden willen zien dat de mogelijkheid uitgesloten werd om landskinderen in militair verband naar het buitenland te sturen, hetgeen naar het oordeel der Staten niet kon plaatsvinden zolang de nieuwe rechtsorde niet ingevoerd was.[320] De Democratische Partij vond dat openlaten van deze mogelijkheid tegen de autonomie inging. De leden Debrot, Gerharts en Dussenbroek verklaarden zich in principe voorstanders van de mogelijkheid om bij landverordening te besluiten tot het uitzenden van dienstplichtigen buiten het Antilliaanse territorium.[321] Na de besprekingen met de Vertegenwoordiger van de Nederlandsche Antillen handhaafden de Staten hun standpunt en verklaarden in hun decemberadvies dat, ofschoon zij zich niet wilden onttrekken aan de zedelijke verplichting tot bijdrage aan de defensie van het Koninkrijk, zij deze verplichting slechts voelden met betrekking tot het Antilliaanse grondgebied zolang 'de Nederlandse Antillen niet als gelijkwaardig deel van het Koninkrijk enige zeggenschap hebben in zijn executieve.'[322] De regering betoogde in mei 1950 (MvT) dat handhaving van de redactie van Artikel 164 gerechtvaardigd was omdat de voorgestelde deelname van de Algemeen Vertegenwoordiger aan het ministerieel overleg, het nieuwe instituut van een staatsraad voor de Antillen en de aanbieding in februari 1950 van het Voorlopig Statuut van het Koninkrijk reeds bijdroegen tot het naderbij brengen van de nieuwe rechtsorde. In de Memorie van Antwoord[323] stelde de regering dat zij, evenals de Tweede Kamer blijkens het Voorlopig Verslag, de opvatting van de Staten ten aanzien van de uitzending van dienstplichtigen buiten het Rijksdeel der Nederlandse Antillen niet deelde.[324] Artikel 164 werd in de oorspronkelijke redactie zonder nadere behandeling door beide Kamers aangenomen.

C. REGELS BETREFFENDE TOELATING, VESTIGING EN UITZETTING

Artikel 5, Eerste Hoofdstuk, van de Landsregeling luidde:

De regelen nopens de toelating en vestiging in de Nederlandse Antillen, alsmede die omtrent de uitzetting, worden bij landsverordening vastgesteld, behoudens het toezicht, bedoeld bij het tweede lid onder h van art. II van de Interim-regeling voor de Nederlandse Antillen. Bij algemene maatregel van bestuur kunnen voorwaarden voor toelating, vestiging en uitzetting van vreemdelingen worden gesteld, onverminderd de mogelijkheid bij landsverordening verdere voorwaarden te stellen.[325]

In hun eerste en tweede advies drongen de Staten, wederom op initiatief van de D.P.,[326] erop aan het toezicht in dit artikel te doen vervallen omdat ten aanzien van landsverordeningen de Koning het schorsingsrecht, en regering en Staten-Generaal het vernietigingsrecht krachtens Artikel 38 van de Landsregeling zouden krijgen.[327] De Staten achtten deze (toezicht) bepaling overbodig en zelfs in strijd met de traditie van de Nederlandse Antillen, daar er nimmer discriminatie ten aanzien van Nederlanders heeft bestaan en ook niet te duchten viel.[328] De regering concludeerde in de Memorie van Toelichting dat de Staten de bepaling eerder overbodig vonden dan dat zij er principieel bezwaar tegen hadden, en verklaarde dat de toevoeging, op aandringen van de Staten, onder h van Artikel 2 van de Interim-regeling duidelijk maakte dat bij het toezicht rekening gehouden dient te worden met de voorwaarden, welke in het algemeen belang van de Nederlandse Antillen noodzakelijk worden geacht. De eindversie van Artikel 164 was overeenkomstig het regeringsvoorstel.

De Interim-regeling en de eilandelijke autonomie

Zoals eerder is opgemerkt, hing het verlenen van zelfstandigheid aan de eilandgebieden nauw samen met de zetelverdeling in de Staten. De verzelfstandiging van de eilanden was het derde hoofdaspect van de nagestreefde autonomie voor de Nederlandse Antillen. Terwijl wij het belang van dit punt bij de totstandkoming van de Interim-regeling zeker niet willen onderschatten, willen wij in deze paragraaf volstaan met een schets in grote lijnen van de inhoud van de twee hoofdstukken van de Landsregeling die verband hielden met de eilandelijke autonomie.[329] Deze twee hoofdstukken vonden later uitwerking in de algemene maatregel van bestuur van 3 maart 1951, inhoudende de Eilandelijke Regeling Nederlandse Antillen (ERNA).

In de Landsregeling zijn enkele waarborgen voor de zelfstandigheid van de eilandgebieden gegeven. Artikel 118, lid 1 Vijfde hoofdstuk stelde dat bij Eilandenregeling aan de eilandgebieden zelfstandigheid verleend wordt ten aanzien van de verzorging van eigen aangelegenheden. Artikel 119, lid 2 bepaalde dat de opbrengsten van de uit kracht van een landsverordening geheven belastingen en retributies aan de besturen der eilandgebieden worden overgedragen, voor zover de opbrengst geacht moest worden uit het betrokken eilandgebied afkomstig te zijn.[330] De regering heeft het plan-Van Poelje als basis genomen voor het Vijfde Hoofdstuk en behield, zoals aangegeven in de Memorie van Toelichting, elk artikel dat in de Interim-regeling opgenomen kon worden.[331] De door Aruba geuite wens om de constructie van zijn bestuur en de begrenzing van zijn bevoegdheden niet over te laten aan de Staten was voor de regering aanleiding om de eilandenregeling bij algemene maatregel van bestuur vast te stellen. Bovendien wilde de regering ervan verzekerd zijn, dat in navolging van het plan-Van Poelje de Kroon betrokken zou worden in het hoger toezicht, de beslissing over geschillen en de benoeming van de Gezaghebber, opdat op die wijze voldaan werd aan het door Aruba gewenste rechtstreekse band met Nederland. Het voornemen van de regering was om de Interim-regeling en de Eilandenregeling gelijktijdig vast te stellen en af te kondigen zoals de Staten gevraagd hadden. Niet alleen op Koninkrijksniveau werden er waarborgen gegeven voor de zelfstandigheid van de eilandgebieden. In de Landsregeling was verder de bepaling opgenomen, dat de artikelen van de Eilandenregeling bij landsverordening slechts mogen worden gewijzigd, wanneer de Staten een dergelijke verordening goedkeuren met tweederde (15 stemmen) van het totale aantal leden (Artikel 185, lid 2 Slotbepalingen).[332] Zelfs wanneer enkele Arubaanse Statenleden samen met die van alle andere eilanden tegen de belangen van Aruba in zouden gaan, dan was er nog een waarborg in de bepaling, dat deze landsverordening niet in werking trad alvorens zij door de Koning was goedgekeurd (Artikel 185, lid 3 Slotbepalingen).[333] De Landsregeling voorzag voorts nog in de mogelijkheid van het scheppen van zelfstandige gemeenschappen binnen een eilandengebied. (Artikel 124, Zesde Hoofdstuk) Dat kon bij eilandsverordening geschieden. Dit artikel was vooral van belang voor het doorvoeren van decentralisatie op de Bovenwindse Eilanden die in de Landsregeling tot één eilandgebied waren samengevoegd. De ERNA trad één maand later dan de Interim-regeling in werking, namelijk op 14 maart 1951.

Dr. da Costa Gomez en de totstandkoming van de Interim-regeling

DECEMBER 1948 TOT FEBRUARI 1950

Wij hebben kunnen zien dat Da Costa Gomez zeer enthousiast was met de aankondiging van de Interim-regeling. Reeds vóór de komst van Minister Van Schaik naar de Antillen in januari 1949 omhelsde *Dòktor* de regeling als de sleutel tot volledige autonomie. Kritiek op de regeling was er ook vanaf het begin. Deze kwam echter van anderen, zoals de D.P. en de U.N.A. Noch de vreugde noch de kritiek was gebaseerd op kennis van de precieze inhoud van de zogenaamde Interim-regeling. Pas op 8 maart 1949 werd het ontwerpinterim-regeling naar de Staten gezonden.

Da Costa Gomez was als gevolg van zijn formatiewerkzaamheden, van de val van zijn C.A.B. en van zijn verblijf in Nederland (augustus 1949–januari 1950) tussen april 1949 en februari 1950 uit het beeld verdwenen als commentator van de Interim-regeling. Terugblikkend op de standpunten en de rol van de verschillende politieke partijen tijdens de behandeling van het ontwerp tussen oktober 1949 en februari 1950 kunnen wij, in het kort, het volgende vaststellen. Da Costa Gomez heeft in deze periode geen voor ons waarneembaar gebleken invloed gehad op de standpunten en de activiteiten van de Staten met betrekking tot de Interim-regeling. De U.N.A. en de heren Irausquin en Croes waren tegen de voorgestelde Interim-regeling omdat die naar hun mening geen onmiddellijke en integrale realisatie van het plan-Van Poelje beoogde, maar juist tegen dat plan inging. Verder hielden zij vast aan de 8-8 verhouding welke in hun visie de enige tegemoetkoming aan Aruba tot dan toe was. De A.V.P. verklaarde vóór de regeling te zijn en probeerde de basisgedachten van het plan-Van Poelje binnen het raam van de Interim-regeling verwezenlijkt te krijgen. Een Interim-regeling die geen eilandelijke autonomie bracht kon niet op Emans steun rekenen. Uit angst voor verlies van haar achterban kon de A.V.P. geen afstand doen van de bestaande zetelverdeling, ook al zei Henny Eman in privégesprekken dat hij die verdeling onrechtvaardig tegenover Curaçao vond.[334] De Bovenwindse Eilanden konden alleen verliezen bij een herverdeling van de zetels. Hetzelfde gold voor Bonaire.

Op 29 januari kwamen de Statenleden van deze eilanden oog in oog te staan met deze dreiging toen de regering de verdeling 12-8-1-1 aan de Staten voorstelde. De K.V.P., die vanaf 1948 tegen de 8-8 verhouding ageerde, ontketende in het najaar van 1949 een grote campagne ten gunste van een wijziging van de zetelverhouding. Deze partij kon zich verenigen met alle hoofdpunten van de Interim-regeling en nam doorgaans standpunten in die ingingen tegen die van de Statenmeerderheid. Haar standpunt inzake de zetelverdeling vervreemde de K.V.P. enigszins van de katholieke krachten binnen de zusterpartij U.N.A. De N.V.P. was als geen andere partij verdeeld. De Bovenwindse N.V.P.-ers waren voor handhaving van de bestaande zetelverdeling. De Curaçaose tak van de N.V.P. stemde op 6 december unaniem voor een 12-8-2-3 verhouding, het voorstel-Cohen Henriquez. Hierbij distantieerde de N.V.P. zich van haar coalitiepartner A.V.P. De eenheid in de coalitie was in deze periode volkomen zoek. Zelfs op Curaçao bleek de N.V.P. verdeeld te zijn. N.V.P.-Statenlid De Lannoy stemde op 6 december ook voor behoud van de 8-8 verhouding (voorstel-Tromp). In kwesties als de benoeming van de procureur-generaal, het vernietigingsrecht ten aanzien van landsverordeningen, de rol van de Staten bij de benoeming van kabinetten, de uitzending van dienstplichtigen, de migratie (toelating, vestiging en uitzetting) en de plaats van het plan-Van Poelje in de Interim-regeling nam fractieleider Cohen Henriquez een ander standpunt in dan zijn fractiegenoten Pieters Kwiers, De Lannoy en Bartels Daal. Cohen Henriquez kon zich doorgaans zeer goed vinden in de regeringsvoorstellen terwijl zijn fractiegenoten hun steun gaven aan de meerderheidsadviezen van 13 oktober en 17 december 1949. De kritische stellingname van de Statenmeerderheid jegens bepaalde aspecten van de Interim-regeling ging primair uit van de Democratische Partij. De D.P. nam, conform haar aanvankelijke scepsis, de leiding in het bekritiseren en amenderen van de regeringsvoorstellen. Zelfs het regeringsvoorstel van januari 1950 om de zetelverdeling evenrediger te maken (van 8-8-2-3 naar 12-8-1-1) ging de Democraten niet ver genoeg. Terwijl zij in oktober nog voor behoud van de 8-8 verhouding waren, zijn zij in december daartegen actie gaan voeren.[335] De D.P. eiste nu volledige toepassing van het evenredigheidsbeginsel en garantiezetels voor de kleine eilanden, hetgeen neerkwam op een verhouding van 14-5-1-1. Naar aanleiding van de kwestie van de zetelverdeling was ook binnen de oppositie de eenheid geschaad: de D.P. stond tegenover de oppositiepartners U.N.A., Gerharts, Irausquin en Croes. De aanhoudende kritiek van de D.P. heeft in belangrijke mate bijgedragen tot wijziging van de Interim-regeling met betrekking tot de totstandkoming van het C.A.B. c.q. Regeringsraad, de positie van de procureur-generaal, het beroep op de Kroon (Landsregeling) en tot het opnemen in Artikel 2 van de voor de Antillen gunstige beperkende bepaling bij punt h (toezicht op de algemene voorwaarden inzake migratieregelingen) en punt 1 (het gelijkelijk gelden van regelingen ten aanzien van beroeps- en bedrijfsuitoefening voor Nederlanders.

FEBRUARI 1950 TOT JULI 1950

Dr. da Costa Gomez trad op 16 februari 1950 weer tot de Staten toe nadat partijgenoot Bartels Daal zijn plaats beschikbaar had gesteld. De Statenvergadering van 16 februari was gewijd aan de behandeling van het conceptadvies over het gewijzigde ontwerp van de Interim-regeling. De Democratische Partij zei aan het begin van de vergadering verheugd te zijn dat het gewijzigd ontwerp op verschillende punten aan haar bezwaren tegemoet kwam. De Democraten gaven verder te kennen erop te vertrouwen dat de regering alsnog zou besluiten het ontwerp te wijzigen overeenkomstig de D.P.-wensen.[336] Zij meenden bovendien dat de Antillen nog volop de kans hadden om tijdens de voor mei 1950 geplande conferentie over de nieuwe rechtsorde het nog bestaande ongenoegen aan de regering kenbaar te maken. Volgens de D.P. zou er van volledige autonomie sprake zijn wanneer de Antillen de bevoegdheid hadden gekregen de Landsregeling bij landsverordening te wijzigen. Aangezien deze bevoegdheid volgens de regering pas na de instelling van de nieuwe rechtsorde toegekend zou worden, bracht de Landsregeling, aldus de D.P., de Antillen op de drempel van de autonomie. Eén van de waarborgen voor deugdelijk bestuur, te weten evenredige vertegenwoordiging in de Staten, wilde de D.P. reeds vóór de instelling van de nieuwe rechtsorde gerealiseerd zien. Hierom wenste zij onmiddellijke opheffing van de 8-8 verhouding. Da Costa Gomez leverde in een drie uur durend betoog felle kritiek op de Nederlandse regering die naar zijn oordeel de Nederlandse Antillen middels de instelling van de mogelijkheid van beroep op de Kroon, onder toezicht wilde stellen. Hij vond dat veel meer dan het behoud of verlies van een aantal zetels op het spel stond. *Dòktor* meende verder dat de oorzaak van het falen van het bestuursstelsel gezocht moest worden in de samenvoeging bij Koninklijk Besluit van 1845 van zes zeer verschillende eilanden in één staatkundig geheel. Tegenover de door hem gesignaleerde dreiging van onder toezicht stelling van de Antillen en van de eilanden afzonderlijk meende hij nu het plan-Van Poelje te moeten stellen. Dit plan ging volgens *Dòktor* uit van de realiteit van het bestaan van zes afzonderlijke gemeenschappen, die zelfbeschikkingsrecht moeten krijgen. *Dòktor* stelde vast, 'De voor ons liggende ontwerpen, noch de Staatsregeling [van 1948], noch het Regeringsreglement van 1865 zijn uitgegaan van een realiteit.'[337] Ter voorkoming van de invoering van het beroep op de Kroon stelde hij voor om de regering te adviseren allereerst de eigen landelijke autonomie in werking te doen treden. Vervolgens moest in de Interim-regeling de bepaling worden opgenomen dat de federale vertegenwoordiging, i.c. de zetelverdeling na de afkondiging van de Interim-regeling bij landsverordening zou worden vastgesteld. Behalve dit voorstel tot wijziging van het conceptadvies diende Da Costa Gomez er nog enkele andere in, omhelzende splitsing van de administratieve en de justitiële politie, beperking van het rijkstoezicht op de toelating, de vestiging en de beroeps- en bedrijfsuitoefening van Nederlanders in de Antillen (Artikel 2 sub h en 1; Interim-regeling). Het beroepsrechtartikel zou uiteraard uit het ontwerpinterim-regeling gelicht moeten worden.

Zowel coalitiegenoot A.V.P. als de oppositionele U.N.A. reageerde natuurlijk enthousiast op het voorstel van Da Costa Gomez om de zetelverdeling bij landsverordening te doen vaststellen. De D.P. verweet Da Costa Gomez inconsequent gedrag. Jonckheer herinnerde aan de verklaring van *Dòktor* dat het voorontwerp interim-regeling de volledige autonomie inhield, en stelde die opstelling tegenover *Dòktors* onomwonden kritiek op het inmiddels op advies van de Staten verbeterde ontwerp. Da Costa Gomez had bovendien zelf in juli 1948 in een subcommissie van de Van Poelje-Commissie voorgesteld de mogelijkheid van beroep op de Kroon voor vijf van de vijftien leden van de Federale Raad te creëren. Nu keert hij zich het felst tegen het recht van beroep op de Kroon. De D.P.-er Kroon voegde hieraan toe dat dezelfde Da Costa Gomez die zich nu keert tegen aanslagen op de zelfstandigheid van de Antillen, de politionele acties tegen de Indonesische nationalisten had goedgekeurd.[338] De K.V.P. en de D.P. vonden het uiterst naïef van Da Costa Gomez te veronderstellen, dat in de Staten met de toenmalige zetelverdeling een meerderheid te vinden zou zijn voor verbreking van de 8-8-2-3 verhouding ten gunste van Curaçao. De coalitie en Debrot stemden tegen het conceptadvies. De Statenvoorzitter oordeelde dat hiermee het amendementsvoorstel van Da Costa Gomez inzake de zetelverdeling ook verworpen was en wees het concept terug naar de Gecombineerde drie Vaste Commissies. Op 6 maart werd een nieuw concept-advies behandeld. Een amendement van Da Costa Gomez op dit concept werd met 11 tegen 9 stemmen aangenomen; alleen de coalitieleden stemden vóór. Als gevolg daarvan werd de zetelverdeling uit het advies gelicht en vervangen door een bepaling dat de zetelverdeling bij algemene maatregel van bestuur moest worden geregeld. Op voorstel van Da Costa Gomez vroeg dit Derde Advies verder om overleg tussen de regering en een Statendelegatie over de algemene maatregel van bestuur.[339] Naar aanleiding van het streven van *Dòktor* om een delegatie naar Nederland te doen afvaardigen verklaarde Jonckheer in de volgende Statenvergadering van 17 maart het volgende:

> Ik zie in het zenden van een delegatie alleen maar weer een middel om bepaalde personen een kans te geven 'om politiek te gaan spelen' en 'prestige te gaan op doen.'[340]

Op 2 juni 1950 stelden de Staten hun Vierde Advies over de Interim-regeling vast.[341] Bij deze gelegenheid betoogde Da Costa Gomez dat dit advies de standpunten van maart herhaalde en dat er nu gekozen moest worden voor uit elkaar halen van de zes eilanden of voor behoud van de constellatie met toekenning van eilandelijke autonomie. De D.P. en de K.V.P. en Gerharts stemden tegen het Vierde Advies en brachten minderheidsnota's uit waarin op een spoedige behandeling van de Interim-regeling werd aangedrongen. Verder overleg met een Statendelegatie vonden zij niet nodig.[342] Zoals eerder is vermeld, achtte de regering vaststelling van de zetelverdeling bij Algemene Maatregel van Bestuur niet aanvaardbaar; mede hierom vond zij nader overleg met een Statendelegatie geheel overbodig.

HOOFDSTUK 6

Da Costa Gomez had reeds in 1935 gepleit voor de invoering van het algemeen mannen- en vrouwenkiesrecht en een geheel gekozen volksvertegenwoordiging. Het gouvernementsvoorstel van 1938 om de eisen voor het census- en capaciteitskiesrecht te verlagen heeft hij uiteraard toegejuicht en verdedigd. Het autonomiestreven dat tijdens de Tweede Wereldoorlog ontkiemd was, heeft voor Da Costa Gomez steeds de betekenis gehad van zelfbestuur ten aanzien van interne Antilliaanse aangelegenheden, zelfstandigheid voor de afzonderlijke eilanden en een bestuur dat verantwoordelijk was aan een op basis van algemeen kiesrecht gekozen volksvertegenwoordiging. De autonomie diende, naar het oordeel van *Dòktor*, gerealiseerd te worden met handhaving van de soevereiniteit van het Huis van Oranje op de Nederlandse Antillen. Hij legde altijd sterk de nadruk op de blijvende verbondenheid en samenwerking met de andere delen van het Koninkrijk. Deze denkbeelden bracht Da Costa Gomez naar voren in zowel zijn redevoeringen tijdens en na de oorlog als in de geschriften van het Autonomiefonds, het Volkscomité en de Nationale Volkspartij. Uit de Statuten en het Program van Actie van de N.V.P. bleek trouwens duidelijk, dat de autonomie geen einddoel voor *Dòktor* was. Zijn uiteindelijke doelen waren de politieke bewustwording van het Curaçaose volk en de bevordering van gelijke sociale en economische ontplooiingskansen voor alle burgers.

Da Costa Gomez is van begin 1942 tot eind 1948 haast onafgebroken de belangrijkste verbindingsschakel geweest tussen de Nederlandse regering en de Staten: eerst als lid van de Buitengewone Adviesraad in Londen, later achtereenvolgens als leider van de Autonomiedelegatie, Vertegenwoordiger in Nederland en leider van de RTC-delegatie. Zijn directe contact met het Ministerie van Overzeese Gebiedsdelen heeft niet alleen een snelle wijziging van de Staatsregeling in 1948 bevorderd, maar hem ook zeer populair gemaakt bij de bevolking van Curaçao. *Dòktors* strategie om de autonomie te realiseren heeft zich altijd gekenmerkt door een sterk vertrouwen in het nut van het zenden van petities en delegaties naar Nederland. Tot 1947 zaten de Democratische Partij en Da Costa Gomez op dezelfde strategische lijn in het streven naar autonomie. De radicalisering van de D.P. tussen 1947 en midden 1949 heeft haar zowel in Nederland als op Curaçao in diskrediet gebracht. Da Costa Gomez heeft in zijn propaganda voor de autonomie en voor zijn strategie om die te realiseren, voordeel getrokken uit het feit dat de D.P. zichzelf isoleerde. Het Autonomiefonds met zijn *Cas di Pueblo* was de eerste georganiseerde poging van *Dòktor* om bekendheid te geven aan zijn denkbeelden. De propaganda van het Autonomiefonds kreeg al spoedig ondersteuning van het blad *Nos Lucha* van de afdeling Pietermaai van de Katholieke Partij. Dit vergrootte de propagandistische en organisatorische kracht van *Dòktors* autonomiebeweging in belangrijke mate. De aan kracht winnende progressieve katholieken uit Pietermaai en elders organiseerden zich vervolgens onder leiding van Da Costa Gomez in het Volkscomité. Dit Comité voerde een verdienstelijke campagne om *Dòktors* ideeën en wapenfeiten te propageren en steun voor zijn werk te bundelen. Grote delen van de 'lagere' sociale klasse van Curaçao werden enthousiast gemaakt en georganiseerd voor de strijd om zelfbestuur. Steunend op deze groep politiek ontwaakten en gebruik makend van zijn charismatische gaven kon Da Costa Gomez vol vertrouwen tot de oprichting van de Nationale Volkspartij overgaan.

De bijzondere kracht van de N.V.P. lag ons inziens vooral in het feit dat zij voortgekomen was uit de gezamenlijk gevoerde strijd voor autonomie van progressieve katholieken en leden van de politiek, sociaal en economisch achtergestelde klasse. De N.V.P. was minder van boven opgelegd dan haar concurrenten de D.P., de K.V.P. en de C.O.P. In de autonomiestrijd heeft de achterban van Da Costa Gomez bovendien een indruk gekregen van *Dòktors* alternatief: zaken waarvoor de bevolking vaak tevergeefs bij het gouvernement aanklopte, werden in en vanuit *Cas di Pueblo* gerealiseerd. Da Costa Gomez onderscheidde zich op belangrijke punten van de leiders van concurrerende Curaçaose partijen. Zijn uitstraling, zijn charisma was ongeëvenaard. Zijn vertrouwen in en sympathie voor de eenvoudige werkende man en vrouw waren noch bij E. Jonckheer noch I. C. Debrot aanwezig. *Dòktor* bleek te beschikken over enige goede organisatoren die zeer goed uitgekiende mobilisatietechnieken ontwikkelden.

In de opbouwfase van de Nationale Volkspartij en in de verkiezingscampagne waren Da Costa Gomez' charismatische gaven en het goed benutten daarvan voldoende waarborg voor succes. Anders was het in de Staten, waar de confrontatie met de tegenstanders directer was, terwijl de N.V.P. en haar coalitiegenoot juist in dat orgaan afhankelijk waren van de medewerking van die tegenstanders. Afgunst, rancune en een verkeerde opvatting van de parlementaire democratie brachten de D.P. en de K.V.P. ertoe om reeds vóór de benoeming van het parlementaire College-Da Costa Gomez de Statenarbeid te obstrueren. De volstrekt niet constructieve opstelling van deze oppositiepartijen getuigde ons inziens van een totaal gebrek aan respect voor de kiezerswil zoals die naar voren was gebracht tijdens de eerste algemene verkiezingen. De Union Nacional Arubano, Irausquin en Gerharts namen ook een zuiver ondermijnende houding aan. De oppositiepartijen vonden elkaar op twee punten die beiden van zeer dubieuze aard waren: ten eerste de ontkenning van het recht van de N.V.P. en de A.V.P. om een coalitie aan te gaan en een parlementair college samen te stellen, en ten tweede de diskwalificatie van de coalitiekandidaten voor dat college. De oppositie heeft verhinderd dat het College-Da Costa Gomez lang genoeg bleef zitten om bestuurlijke daden te stellen. De Democratische Partij onderscheidde zich het meest in deze obstructiepolitiek. Haar opstelling roept de vraag op of zij niet uitsluitend uit machtsdrift tegen de koloniale en katholieke machtshebbers en voor het parlementair democratische stelsel verklaard had. Nadat de D.P. de verkiezingen van 1949 verloren had, liet zij geen middel onbeproefd om, tegen de principes van de parlementaire democratie in, de wil van de Statenmeerderheid te negeren en te saboteren. Da Costa Gomez' kijk op de politieke tegenstellingen werd soms in negatieve zin beïnvloed door zijn fervent streven naar politieke emancipatie van de Antillen. Hierdoor wist hij in 1949 geen afdoend antwoord te vinden op de hardnekkige rivaliteit tussen de Curaçaose partijen. De N.V.P. en de A.V.P. introduceerden, tijdens afwezigheid uit de Staten van Da Costa Gomez, enkele nieuwe procedures bij de behandeling van voorstellen met de bedoeling om, ondanks de obstructie van de oppositie, beslissingen te kunnen nemen. In de kwestie van de afbouw van de Arubaanse haven kwam de coalitie, mede door de introductie van nieuwe procedures, in botsing met het College van Algemeen Bestuur. Deze schermutseling werd beslist in het voordeel van het College-Kwartsz, hetgeen weer tot verbittering bij de coalitie leidde.

Met betrekking tot de Interim-regeling speelde de Democratische Partij een leidende en vooruitstrevende rol in de Staten. Zij nam het initiatief bij de formulering van tal van later door Nederland aanvaarde amendementen op de tekst van de Interim-regeling. In het streven naar wijziging van de zetelverdeling nam ook een andere partij dan de N.V.P. de leiding. Hierin was de K.V.P. de leidende kracht sedert 1948. In december 1949 sloot de D.P. zich aan bij het protest tegen

de zetelverdeling. De N.V.P. was als gevolg van de coalitie met
de A.V.P. veroordeeld tot een weifelende houding inzake de
kwestie van de zetelverdeling. Nederland, dat een krachtige
centrale regering in een autonoom Antillen wenste, had naar
aanleiding van de verlamming van het centrale gezag in 1949
besloten de zetelverdeling in het voordeel van het hoofdeiland
Curaçao bij te stellen.

Da Costa Gomez' visie op de Interim-regeling en op de
Statenadviezen was voor wat de periode oktober 1949 tot
februari 1950 niet in onze bronnen te achterhalen. Zijn kritiek
op enkele bepalingen van de Interim-regeling vanaf februari
1950 liep volstrekt langs de reeds door de D.P. uitgezette
lijn. Het enige nieuwe aan zijn kritiek was de antikoloniale
retoriek, die naar ons oordeel primair bedoeld was om *Dòktors*
streven naar behoud van de 8-8 verhouding te camoufleren.
De voorgestelde wijziging van de zetelverhouding zou zijn
Curaçaose rivalen waarschijnlijk meer zetels opleveren dat zij
nu bezaten. Naast trouw aan de coalitieafspraken moet deze
overweging *Dòktor* hier tot een behoudende opstelling hebben
bewogen. In de tweede plaats was *Dòktors* felle uithaal naar
Nederland erop gericht de leidende rol in het bijstellen van
de Interim-regeling naar zich toe te trekken. Zijn voorstel
om een delegatie naar Nederland te zenden past geheel in
deze opzet. Da Costa Gomez' kritiek kwam te laat om nog
invloed te hebben op de uiteindelijke redactie van de Interim-
regeling. Terwijl *Dòktor* een grote directe invloed heeft gehad
op het voornemen tot en de redactie van de Staatsregeling van
1948, moet zijn directe invloed op de totstandkoming van de
redactie van de Interim-regeling nihil worden genoemd. Zijn
rol in de overgangsfase van partiële autonomie naar volledige
autonomie bestond eerder uit het mobiliseren van steun voor
het Nederlands initiatief tot een Interim-regeling dan in het
concreet vorm geven aan de uiteindelijke regeling. Wij hebben
geconstateerd dat *Nos Lucha* Da Costa Gomez terecht prees
voor zijn onverzettelijk ijveren voor de politieke emancipatie

van de Antillen, van de afzonderlijke eilanden en van de politiek achtergestelden op Curaçao. Bepaalde successen die niet direct verbonden waren met daden van *Dòktor*, werden soms om propagandistische redenen door dit blad uitdrukkelijk aan *Dòktor* toegeschreven. Veel meer bezijden de waarheid waren de beweringen van de D.P., de K.V.P. en Gerharts over Da Costa Gomez. Zij hebben geenszins aannemelijk kunnen maken dat *Dòktor* naar alleenheerschappij op Curaçao of op de Antillen streefde.

In deze studie zijn tevens enkele zaken aangeroerd die, hetzij omdat zij buiten de gehanteerde probleemstelling vielen of omdat de bronnen geen uitsluitsel gaven, bij een andere gelegenheid nader onderzocht moeten worden. Tot deze vraagstukken behoren onder andere de kanalen waarlangs de R.K. Missie het politieke leven op Curaçao beïnvloedde, de sociale achtergrond van de kaderleden van de partijen, de financiële bronnen van de diverse partijen, de brochure van Felipe Brion en haar plaats in de N.V.P.-propaganda, het functioneren van *Cas di Pueblo* en de denkbeelden van Da Costa Gomez in de tweede helft van 1949.

NOTEN

Hoofdstuk 1

1   De naam 'Curaçao' werd tot aan de Grondwetsherziening van 1948 gebruikt ter aanduiding van de zes eilanden der Nederlandse Antillen. Wij zullen de benaming 'Curaçao' gebruiken voor de Nederlandse Antillen tot aan de Staatsregeling van mei 1948. Wanneer wij het eiland Curaçao bedoelen zullen wij dat aangeven.

2   B. de Gaay Fortman, *Schets van de politieke geschiedenis der Nederlandse Antillen (Curaçao) in de twintigste eeuw* ('s-Gravenhage, 1947), 70–1; A. C. T. Kasteel, *De Staatkundige ontwikkeling der Nederlandse Antillen* ('s-Gravenhage, 1956), 131–2; *Handelingen der Staten-Generaal*, Tweede Kamer 1947–48, Bijlagen I 650 No. 13, 35038.

3   De eerste twee onder de 2e stip genoemde wensen hielden de invoering in van autonomie en van het stelsel der parlementaire democratie op de Antillen. Na de realisatie van deze wensen. wilden de Antillen via landsverordening (wetgeving door de Staten) de conflictenregeling ter hand nemen.

4   *Hand., T.K.* 1947–48, Bijl. 1. MvT 650 No. 4, 2.

5   Ibid., 650 Nos. 4, 18 22, 23 en 34; W. H. Helsdingen, *De staatsregeling van de Nederlandse Antillen van 1955: Historische toelichting en praktijk* ('s-Gravenhage, Staatsdrukkerij- en Uitgeverijbedrijf, 1956), 8.

6 *Hand., T.K.* 1947–48, Bijl. 1 MvA. 650 No. 25.

7 Het partijbestuur van de Curaçaose R.K Partij bestond uit de Curaçaoënaars J. H. Sprockel, voorzitter van de R.K. Volksbond en werkzaam in het onderwijs; M. F. Da Costa Gomez, ambtenaar en staatsrechtgeleerde; E. A. Römer, ambtenaar; W. F. G. Mensing, koopman en J. M. P. Kroon, ambtenaar en verder uit de Nederlanders S.C. Schouten en Van der Drift. Kasteel, op. cit. 48; *Statuten, Beginsel – en Actieprogram van de C.R.K.P.*, 6, Supp. Coll. G.F.

8 Het actieprogram kan men treffen in Gaay Fortman, *Schets*, 59. Zie ook *Statuten, Beginsel – en Actieprogram* van de C.R.K. Partij, Supp. Coll. G.F.

9 G. E. Rosario, 'Opinion: Moizes F. da Costa Gomez, e gran caribiensis. Su Gloria I su tragedia,' *Amigoe* (di Curaçao), 10 februari 1973, 8.

10 De deelnemende partijen waren de Katholieke Partij, de Curaçaose Politieke Unie van vooral niet-katholieken, de Jong-Curaçao-Stroming – ook niet-katholiek – en de lijst – Curaçaosche Scheepvaart Maatschappij, Kasteel, *Ontwikkeling*, 46, 49.

11 Het ontwerp behelsde onder andere verlaging van de censuseis van *f* 1.200,- tot *f* 900,- inkomstenbelasting per jaar. Dit betekende dat iedereen die inkomstenbelasting betaalde, nu op grond daarvan kiesrecht zou krijgen. De capaciteitseis zou veranderen van 'zes jaren lager onderwijs hebben genoten' in 'het kunnen lezen en schrijven.' Kasteel, *Ontwikkeling*, 51

12 *Notulen der Staten van Curaçao*, 1942–43, No. 42, 16 februari 1943, 159 zoals aangehaald in Kasteel, *Ontwikkeling*, 65.

13 Kasteel, *Ontwikkeling*, 122.

14 Ibid., 147, 152, 154.

15 *Conferentie Nederland, Suriname, Curaçao: Resoluties en Moties aangenomen tijdens de 3ᵉ Openbare Vergadering op 18 maart 1948* ('s-Gravenhage, 1948), Resolutie I, 3; Gaay Fortman, 'Kroniek Curaçao' *West-Indische Gids* 29 (1948), 92–3.

16 Rosario, 'Opinion', 8; Kasteel, *Ontwikkeling*, 99–100.

17 In 1945 was de verdeling van de 10 na verkiezingen te bezetten zetels als volgt : Curaçao 5, Aruba 3, Bonaire 1, en de Bovenwinden 1.

18 *Curaçao*, No. 48, 30 juni 1945, 2.

19 *Lux*, 3 No. 1 (1945–46).

20 Drs. J. A. Abraham, in overleg met de auteur, Amsterdam, 20 en 27 juli 1983.

21 Supp. Coll. G.F. Map 30, no. 11.

22 *Nos Lucha*, Anja 3 No. 33, 15 maart 1948; Kasteel, *Ontwikkeling*, 193–4.

23 Kasteel, *Ontwikkeling*, 194. Zij ontleent haar informatie aan twee artikelen in *Amigoe* van 17 februari 1948 en 25 januari 1949.

24 Ibid.

25 *Alerta*, No. 5. Januari 1949, Supp. Coll. G.F. Map 30; Kasteel, *Ontwikkeling*, 128.

26 Kasteel, *Ontwikkeling*, 128.

27 Ibid., 129.

28 Zie het persverslag van Da Costa Gomez' eerste openbaar optreden van 12 augustus 1946 na zijn terugkeer uit Nederland. José M. Hellburg in *La Prensa*, 17 augustus 1946, Supp. Coll. G.F. Map 30, No. 112. Da Costa Gomez sprak toen op uitnodiging van het bestuur van de afdeling Pietermaai van de Katholieke Partij. Zijn redevoering was sterk persoonsgebonden, getuige uitlatingen als 'Mijn vrienden, het ligt aan jullie om mij [!] te helpen . . . Ik [!] twijfel niet, maar zorg dat wij één blijven . . . Maar ik twijfel niet, want ik weet dat ik [!] op de mensen van Curaçao kan rekenen die samen met mij de strijd aanvangen.'

29 Kasteel, *Ontwikkeling*, 136, 140. Hij deelt mee dat Da Costa Gomez in 1946 nog fractieleider van de Katholieke Partij was. *Nos Lucha*, 15 maart 1948 (Coll. G.F. Period. 146) bericht echter dat Da Costa Gomez vóór 1945 als leider van de fractie was afgetreden. In een aan de heer B. de Gaay Fortman toegezonden verklaring van haar visie (Suppl. Coll. G.F. Map 49) stelt de Commissie uit de Raad van Bestuur in juni 1946 het volgende: 'Dr. da Costa Gomez is geen leider en geen voorzitter van de R.K. Statenfractie. Een R.K. Statenfractie bestaat niet meer. Er zijn maar vier R.K. Statenleden, met inbegrip van Dr. da Costa Gomez.' De drie andere leden waren toen Dr. A. Desertine (tevens lid Hof van Justitie), Dr. J. R. Arends (arts te Aruba) en E.A. Römer (belastingambtenaar te Curaçao).

30 *Nos Lucha*, Anja 2 No. 27, 15 december 1947, Coll. G.F. Period. 146; Kasteel, *Ontwikkeling*, 141.

31 Ibid.

32 Ibid.

33 Ibid. Anja 2. No. 15, 19 mei 1947, 4.

34 Ibid., Anja 2. No. 17, 30 juni 1947, 1–3.

35 Voor 1948 was er een Pan-Amerikaanse Conferentie te Bogotá gepland. Deze conferentie zou de 9^e ontmoeting van landen van het Amerikaanse continent sinds 1889 zijn. De P.A.C. van 1948 mondde uit in de oprichting van de Organisatie van Amerikaanse Staten (O.A.S.) voor vreedzame oplossing van conflicten, gezamenlijke acties tegen agressie en samenwerking op economisch, sociaal en cultureel gebied. Zie P. Calvocoressi, *World Politics Since 1945* (London: Longman, 1971), 457.

36 Kasteel, *Ontwikkeling*, 169–70. De regering wenste een voordracht van 16 namen te ontvangen waaruit zij dan een delegatie van 6 zou benoemen die alle politieke, sociale en godsdienstige groeperingen zou weerspiegelen.

37 *Notulen der Staten van Curaçao*, 1947–48, No. 20.

38 Ibid. No. 21, 2 december 1947, 373. Da Costa Gomez zei van mening te zijn 'dat het van belang is, dat de Staten de leden aanwijzen – en hierin vind ik een gelukkig compromis – dat de Staten zelfstandig hun mening bepalen, maar dat desalniettemin de mogelijkheid blijft bestaan, dat er een koninklijke benoeming volgt'. Een uitsluiting van een koninklijke benoeming vond Da Costa Gomez een aantasting van de koninklijke soevereiniteit. Hij had in de commissievergadering van 27 november 1947 de Staten reeds gemaand het benoemingsrecht van de Kroon niet te betwisten.

39 De delegatieleden naar de RTC waren Mr. Dr. M. F. da Costa Gomez (voorzitter, lid K.P.), E. Jonckheer (voorzitter D.P.), Gerharts (Bonaire), C. A. Eman (landraad Aruba, zoon van Henny Eman), J. E. Irausquin (lijst Eman, in de plaats van Kwartsz), W. R. Plantz (Bovenwinden, D.P.-gezind), de

heer Van Weel (Statengriffier), Mr. Van der Meer (benoemd Nederlands Statenlid, D.P.-gezind), Alex Curiel (bankier, Joods en commissaris van Da Costa Gomez' Autonomiefonds uit 1946); Kasteel, *Ontwikkeling*, 122, 170.

40 *Notulen*, 1947–48, No. 21, 2 december 1947, 371.

41 Ibid., 372–3.

42 'Extra Bulletin,' *Democraat*, 2 december 1947, Supp. Coll. G. F. Map, No. 119.

43 Kasteel, *Ontwikkeling*, citeert *Amigoe* (di Curaçao), 27 december 1947.

44 *Nos Lucha*, Anja 3 No. 27, 15 december 1947, Coll. G.F. Period. 146.

45 Kasteel, *Ontwikkeling*, 178.

46 Het Autonomiehuis was een door het Autonomiefonds van Dr. da Costa Gomez – opgericht op 12 augustus 1946 – aangekocht huis aan de Penstraat 24 te Pietermaai waarin hij cursussen wilde laten verzorgen voor personen uit de 'lagere' klassen op het gebied van politiek en vakbondswerk.

47 *Nos Lucha*, Anja 3 No. 33, 15 maart 1948, 4, Coll G.F. Period. 146.

48 Ibid. No. 32, 1 maart 1948, 5–6, Coll. G.F. Period. 146.

49 Ibid. No. 34, 29 maart 1948, 5, Coll. G.F. Period. 146.

50 Kasteel, *Ontwikkeling*, 193; *Amigoe*, 17 februari 1948.

51 *Nos Lucha*, Anja 2, No. 35, 19 april 1948.

52 *Beurs*, 6 april 1948, Supp. Coll. G.F. Map 42. De herkomst van de bestuursleden was als volgt:

Stadsdistrict	12 (Pietermaai 8; Otrabanda 4)
Westelijk district (Banda'bou)	8
Oostelijk district (Banda'Riba)	4

53 Deze Statuten – vastgesteld op 19 april – werden onder verantwoordelijkheid van het in de tekst aangegeven dagelijks bestuur gepubliceerd. Zie *Statuten*, 6–7, Supp. Coll. G.F. Map 30, No. 113.

Hoofdstuk 2

54 *Beurs*, 13 januari 1949 (Supp. Coll. G.F. Map 76) geeft een verslag van een openbare N.V.P.-vergadering op 12 januari waarop Da Costa Gomez dit N.V.P.-Program in het Papiamentu besprak.

55 Ibid. 19 januari 1949.

56 Het eerste exemplaar van *Pueblo* was zeer waarschijnlijk in januari 1949 verschenen. *Pueblo*, No. 7, 5 maart 1949 behandelde punt 21 van het N.V.P.-actieprogram.

57 *Beurs*, 16 maart 1949.

58 Ibid., 22 december 1948, Supp. Coll. G.F. Map 76.

59 Ibid., 25 november 1948, idem.

60 *Amigoe*, 23 november 1948, idem.

61 *Beurs*, 24 december 1948.

62 *Nos Lucha*, Anja 3, No. 46, 30 december 1948.

63 *Amigoe*, 6 januari 1949, Supp. Coll. G.F. Map 42.

64 Ibid., 19 januari en *Beurs*, 19 januari 1949, Supp. Coll. G. F. Map 76.

65 *Nos Lucha*, Anja III No. 47, 19 januari 1949.

66 Rede, uitgesproken in *Cas di Pueblo* op donderdag 20 januari 1949. *Beurs*, 22 januari 1949, Supp. Coll. G.F. Map 76.

67 Ibid., 29 januari 1949 geeft een verslag van een toespraak van Da Costa Gomez te Fleur de Marie waarin hij zes beweringen van de Democraten over de Interim-regeling onder de loep nam.

68 Deze serie omvatte drie pamfletten. Het laatste pamflet (ongedateerd) bevatte een oproep voor een vergadering op 18 februari. De andere twee waren gedateerd 29 januari en 11 februari, Supp. Coll. G.F. Map 30 Nos. 30, 31 en 32.

69 *Nos Lucha*, Anja 3 No. 47, 19 januari 1949.

70 Zie het strooibiljet 'Corsou Alerta' van 19 februari 1948 waarin het Volkscomité opriep tot een protestvergadering tegen het gedrag van de Democraten en van J. E. Irausquin op de RTC. Supp. Coll. G.F. Map 30, No. 55.

71 Ibid., Anja 3 No. 47, 19 januari 1949.

72 *Beurs*, 2 maart 1949, Supp. Coll. G.F. Map 76.

73 Ibid.

74 *Amigoe*, 2 maart 1949. *Algemeen Handelsblad*, 16 maart 1949 schreef dat vele priesters en de bisschop van Curaçao flink van leer trokken tegen de D.P. en de N.V.P.

75 *Nos Lucha*, Anja 2 No. 32, 1 maart 1948.

76 *Beurs*, 13 januari 1949 (Supp. Coll. G.F. Map 76) geeft een verslag van een openbare N.V.P.vergadering op 12 januari waarop Da Costa Gomez dit N.V.P.Program in het Papiamentu besprak.

77 Strooibiljet 'Ultima Hora' van 18 maart 1948, Supp. Coll. G.F. Map 30, No. 53.

78 *Amigoe*, (z.d.) januari 1949, Supp. Coll. G.F. Map 76.

79 Ibid., 10 september 1948, Supp. Coll. G.F. Map 76.

80 *Democraat*, 17 september 1948, Supp. Coll. G.F. Map 76.

81 Politieke partijen bestonden rond 1948/1949 alleen op Aruba en Curaçao. Aruba kende twee partijen: de Arubaanse Volkspartij (J. H. A. Eman) en de Union Nacional Aruba (F. B. Tromp). Verder was er een lijst-Kwartsz. Op Curaçao waren de partijen de N.V.P., de D.P., de K.V.P. en de C.O.P. Op Bonaire en de Bovenwindse eilanden werden er bij de verkiezingen van maart 1949 alleen individuele lijsten ingeschreven bij het Centraal Stembureau. Deze lijsten werden weliswaar onafhankelijk van de grote partijen van Aruba en Curaçao ingediend maar de kandidaten op deze lijsten hadden allen wel een zekere politieke binding met een van de Curaçaose partijen N.V.P., D.P., of K.V.P. Deze individuele lijsten zouden een onevenredig grote invloed gaan krijgen in de te kiezen Staten waarin voor Bonaire 2 zetels en voor de Bovenwinden 3 zetels beschikbaar waren. Zie *Verslag Nederlandse Antillen*, 1950, 8–9.

82 P. J. A. ter Hoeven, *Charisma en politieke vernieuwing* (Alphen aan de Rijn: Samson, 1971), 6, 8; L. K. D. Kristof, 'On the Nature of Charisma,' Paper presented to the 9th World

Congress of the International Political Science Association, Montreal, QC, August 1973, 3. Hij spreken in navolging van Max Weber (*Wirtschaft und Gesellschaft*) van 'extreme noodsituaties' die een charisma-stimulerende rol vervullen. Deze kunnen zijn situaties van extreme dreiging, van geestdrift, psychische of religieuze nood en hoop, van niet vervulde legitimiteitbehoefte, van zoeken naar een nieuwe ankerplaats, een houvast. Weber en Ter Hoeven op. cit. 12, wijzen op het ideologische doel dat de charismatische leider voor zichzelf en voor zijn (potentiële) aanhang formuleert. Kristof, 'Nature,' 2 en R. J. House, 'A 1976 Theory of Charismatic Leadership,' in *Leadership: The Cutting Edge*, red. J. G. Hunt en L. L. Larson (Carbondale, IL: Southern Illinois University Press, 1977), 204, staan wat langer stil bij het ideologische doel. Kristof omschrijft het als volgt: 'a moral cause transcending the daily and common human preoccupations.' House legt er de nadruk op dat de rollen van de volgelingen definieerbaar moeten zijn in termen van ideologische waarden die de volgelingen aanspreken. E. A. Shils, 'Charisma, Order and Status,' *American Sociological Review* 30 (1965): 199–213) stelt, aldus House, 'Theory,' 204, zelfs dat charisma niet persé uit 'distress' hoeft te ontstaan. Voor hem is de enige vereiste 'that the expression of power must appear to be integrated with a transcendent goal.'

83 Ons inziens was er op Curaçao sedert 1945 sprake van een nieuwe ongewisse situatie maar niet van een strict 'stressful situation.'

84 Deze charismatheorie vindt men besproken door House, 'Theory,' 189–207 en M. Sashkin, 'The Structure of Charismatic Leadership,' in *Leadership*.

85 House, 'Theory,' 193–4; Kristof, 'Nature,' 2; ter Hoeven, 'Charisma,' 6.

86 De door R. J. House onderscheiden eigenschappen van een charismatische leider schijnen – aldus Marschall Sashkin in zijn kritische bespreking van House' theorie – gekozen te zijn op basis van logisch denken en het citeren van andere auteurs. Enkele van deze eerste vier eigenschappen hebben wèl en andere geen empirische ondersteuning. Sashkin raadt daarom aan de selectie van eigenschappen, 'traits,' te baseren op reeds verrichte studies van leiderschapstrekken.

87 Rosario, 'Opinion', 1, 13; Rosario in *Amigoe*, 10 februari 1973, 2.

88 Deze geïnterviewde partijgenoot wilde zijn naam niet genoemd hebben. Om hem desondanks te kunnen aanhalen, geven wij hem het pseudoniem C. Desmer.

89 Prof. Mr. E. Cohen Henriquez, in overleg met de auteur, Groningen, 10 augustus 1983.

90 *Amigoe*, 10 februari 1973, 6.

91 Ibid., 2.

92 Abraham, interview.

93 *Amigoe*, 10 februari 1973, 2.

94 L. H. Daal, 'De mens Moises da Costa Gomez,' (Gepubliceerde rede, 22 November 1971), 3–4.

95 House, 'Theory,' 194n; Sashkin, 'Structure,' 212–9.

96 Sashkin, 'Structure,' 214 verwijst naar R. M. Stogdill, 'Personal Factors Associated with Leadership: A Survey of the Literature,' *Journal of Psychology* 25 (1948): 35–71.

97 *Amigoe*, 10 februari 1973, 2, 6 en 9.

98 Rosario, 'Opinion,' 13. Evertsz in *Amigoe*, 10 februari 1973, 6. *Nos Lucha*, Anja 3 No. 46, 30 december 1948.

99 Aldus opgetekend uit gesprekken met Abraham en C. Desmer. Zie ook *Amigoe*, 10 februari 1973, 6.

100 Daal, 'De mens,' 3.

101 *Amigoe*, 10 februari 1973, 6.

102 De Autonomiecommissie nam behalve een petitie ook een begeleidend memorandum mee waarin de voor de autonomie benodigde staatkundige veranderingen omschreven werden. Tevens overhandigde de delegatie onder leiding van Da Costa Gomez een door 4.000 personen ondertekend manifest ten behoeve van autonomie aan de Koningin. Kasteel, *Ontwikkeling*, 121–30. Voor de tekst van de petitie zie Da Costa Gomez, *Curaçao rijp voor autonomie* (Willemstad, 1947), 83–6. Het memorandum is opgenomen in Gaay Fortman, *Schets*, 70–1. *Hand., T.K.* 1947–48, Bijl. 1 650. No. 13., 35–8 en Kasteel, *Ontwikkeling*, 131–2.

103 *La Prensa*, 17 augustus 1946 (Verslag van José M. Hellburg), Supp. Coll. G.F. Map 30. No. 112. Da Costa Gomez legde in zijn toespraak in de club San Hosé te Pietermaai grote nadruk op het feit dat de Koningin hen persoonlijk had ontvangen en thee met hen had gedronken, hetgeen veel indruk op zijn toehoorders maakte.

104 Ibid., 6. Deze woorden werden uitgesproken door Hendrik Pieters Kwiers, één van de progressieve leden van de Katholieke Partij.

105 Ibid., 5. Deze spreker was Alex Jesurun.

106 *Nos Lucha*, Anja 2 No. 32, 1 maart 1948 en 26 november

1948 huldigde in het lied 'Nos Partido' (Onze Partij) Da Costa Gomez voor het 'redden' van de RTC na het weglopen van de Democraten.

107 Strooibiljet 'Ultima Hora' van 22 februari en 18 maart 1948, verspreid door het Volkscomité.

108 Zie met betrekking tot de immateriële doelen van Da Costa Gomez, Daal, 'De mens,' 3; Rosario, 'Opinion,' 8 het *Program van Actie*, 19 februari 1949, punten 8, 14, 17 en 28, *La Prensa*, 17 augustus 1946, 4 en *Beurs* 13 januari 1949.

109 *Amigoe*, 10 februari 1973, 6.

110 *La Prensa*, 17 augustus 1946, 3.

111 Ibid., 5.

112 *Alerta*, maart 1949, Supp. Coll. G.F. Map 30.

113 *Algemeen Handelsblad*, 16 maart 1949, Idem Map. 77.

114 *Amigoe*, 19 maart 1949.

115 Abraham en E. Cohen Henriquez, interviews. In een feuilleton in *Nos Lucha*, Anja 3 No. 47, 2 vond er een gefingeerd gesprek plaats tussen Felipe Brion, 'auteur' van dit werk en een zekere Dani. Daarin zei Brion onder andere dat de katholieken en de D.P. op zoek waren naar macht i.c. de zweep om het zwarte ras mee te blijven afranselen zoals zij dat altijd al hadden gedaan.

116 *Beurs*, 18 maart 1949, Supp. Coll. G.F. Map 77.

117 *Algemeen Handelsblad*, 16 maart 1949.

118 Afschrift van de *Acte* van oprichting van het Autonomiefonds

op 10 augustus 1946 ten overstaan van Notaris Mr. E. Cohen Henriquez. Supp. Coll. G.F. Map 30 No. 114. Zie ook *Nos Lucha*, Anja 2 No. 42, 4 september 1948.

119 *Nos Lucha*, Anja 2 No. 40, 6 augustus 1948.

120 Ibid.

121 Rosario en W. R. Plantz in *Amigoe*, 10 februari 1973, 2, 4.

122 Ibid., 19 januari 1949. Supp. Coll. G.F. Map 76.

123 *Nos Lucha*, Anja III No. 51, 23 mei 1949.

124 Römer, *Pueblo*, 15.

125 Römer maakt ons inziens ten onrechte geen onderscheid tussen de partijen N.V.P. en D.P. voor wat betreft hun ideologische en praktische benadering van het negroïde volksdeel. Hij beperkt zich tot het constateren van overeenkomsten op het punt van de klassenafkomst van de leiders.

126 *La Prensa*, 17 augustus 1946, 3. Supp. Coll. G.F. Map 30 No. 112.

127 Rosario, 'Opinion,' 8; Rosario en Evertsz in *Amigoe*, 10 februari 1973, 2, 6.

128 *Beurs*, 21 maart 1949. *Algemeen Handelsblad*, 18 maart 1949.

129 De N.V.P.-lijst bevatte 13 kandidaten. Hiervan waren 6 ambtenaar, 2 ondernemer en 2 in loondienst terwijl 2 een vrij beroep uitoefenden. Van de 7 niet-ambtenaren waren 4 ooit ambtenaar geweest. Zie *Beurs*, 2 februari 1949 en *Nos Lucha*, Anja 3 No. 48, 19 februari 1949. Bij

de D.P., de K.V.P. en de C.O.P. was het aantal ambtenaren op de kandidatenlijst ook groot. Dit verschijnsel vindt waarschijnlijk zijn oorzaak in de omstandigheid dat ambtenaren in hun dagelijks werk bezig zijn met het voorbereiden van beleidsbeslissingen hetgeen hen de nodige kennis van het bestuurlijk apparaat geeft. Kennis van het bestuurlijk apparaat en contacten met politici kunnen toetreding tot en actief zijn binnen een politieke partij zeer wel stimuleren. Daar slechts weinigen op Curaçao met het bestuurlijk apparaat vertrouwd waren, lag het voor de hand dat – ook na de invoering van zelfbestuur en algemeen kiesrecht – diezelfde politieke en bestuurlijke elite het voortouw zou nemen.

130   *Beurs,* 21 maart 1949: *Algemeen Handelsblad,* 18 maart 1949.

Hoofdstuk 3

131   *Algemeen Handelsblad,* 6 april 1949. Supp. Coll. G.F. Map 42.

132   Kasteel, *Ontwikkeling,* 183.

133   Ibid., 184.

134   *Beurs,* 22 en 23 maart 1949.

135   De Commissie Van Poelje werd op 14 juni 1948 door de regering ingesteld ter bestudering van de wensen van Aruba inzake afscheiding. Hiertoe werd op de RTC van 1948 besloten. Zie *Conferentie,* Resoluties, 14.

136   *Notulen der Staten van de Nederlandse Antillen,* 1948–49, No. 26, 3 mei 194, 424.

137 *Beurs*, 29 maart 1949 schreef dat Het Vrije Volk (Ned) een coalitie van N.V.P. en A.V.P. en de U.N.A. voor mogelijk hield. Ons inziens ging dat voorbij aan:

  a. het feit dat er ook ten aanzien van de afscheidingskwestie verschil van mening bestond tussen de Arubaanse partijen en
  b. aan de omstandigheid dat de K.V.P. haar zusterpartij de U.N.A. een coalitie met de N.V.P. zou ontraden.

138 *Amigoe*, 24 maart berichtte dat de Democratische Partij op het gerucht dat Henny Eman besloten had tot een coalitie met de D.P. gereageerd had met de mededeling dat het nog te vroeg was om concrete gegevens te verstrekken, maar de D.P. ernstig naar een samenwerking met alle partijen in een College streefde. Deze mededeling geeft aan dat de D.P. een coalitie met de A.V.P. niet had uitgesloten. Hij versterkt tevens het vermoeden dat hetgeen de N.V.P. en de A.V.P. later over de rol van Irausquin beweren zullen, waar was (Zie hoofdstuk 3).

139 *Notulen*, 1948–49, No. 21, 31 maart 1949, 379.

140 Ibid., No. 22, 11 april 1949, 389; *Beurs*, 12 april 1949.

141 *Notulen*, 1948–49, No. 22, 11 april 1949, 390.

142 Ibid., 394.

143 Ibid., No. 23, 12 april 1949, 399.

144 Ibid., 400–1.

145 Ibid., No. 26, 3 mei 1949, 414–25. *Beurs*, 4 mei 1949.

146 J. R. Beaujon Jr. was lid geweest van het C.A.B. (1948/49) waarin hij weinig daadkracht aan de dag had gelegd. Da Costa Gomez' deskundigheid was bekend. C. A. Eman, de

zoon van Henny Eman, was volgens de oppositiepartijen en de pers onbekwaam voor een functie in het C.A.B. Drs. E. Newton, geboren in mei 1920, was in 1946 als pas afgestudeerd econoom in dienst getreden van het Departement van Sociale en Economische Zaken op Curaçao. W. R. Plantz, geboren in februari 1895, werkte sedert 1916 als ambtenaar bij het Departement van Financiën. Sinds 1938 was hij (een gekozen) Statenlid en in 1946 lid van de Autonomiedelegatie en van de delegatie naar de RTC van begin 1948. Tevens was hij van 1945 tot 11 mei 1949 vicevoorzitter der Staten. E. A. Römer was in 1942 oprichter van de eerste vakbond van industriële arbeiders die een tijd stand hield. In 1945 trad hij samen met Da Costa Gomez als afgevaardigden van de Katholieke Partij tot de Staten. Zie *Amigoe*, 10 mei 1949. Supp. Coll. G.F. Map 42; *Nos Lucha*, Anja 3 No. 48, 19 februari 1949 en A. F. Paula, red., *Week-end di Estudio organisá pa Centraal Historisch Archief* (Willemstad, 1976), 28.

147 *Notulen*, 1948–49, No. 26, 3 mei 1949, 410–14.

148 Ibid., 415–6.

149 Ibid. De K.V.P.-er Debrot had globaal berekend dat de oppositie op 23.000 en de coalitie op 21.000 stemmen steunde. Da Costa Gomez, die de stemmen van de C.O.P. terecht niet mee rekende kwam op een berekening van 21.309 stemmen voor de coalitie en 21.032 voor de oppositie.

150 Ibid., 417.

151 Ibid., 418.

152 Ibid.

153 Ibid., 419.

154 Ibid.

155 Ibid., 420.

156 Ibid., 421–2.

157 Ibid., 423.

158 Ibid., 422–3.

159 *Amigoe*, 9 mei 1949, Supp. Coll. G.F. Map 42.

160 *Notulen*, 1948–49, No. 27, 9 mei 1949, 434.

161 Ibid., 436.

162 Jonckheer lichtte zijn voorstel voor een schriftelijke stemming over kandidaten als volgt toe: 'ik ben er zeker van, Mijnheer de Voorzitter, dat er mensen zijn, die bezwaren hebben (tegen de voordracht van de 3 Commissies, rdb) die zij niet in het openbaar naar voren wensen te brengen.' Ibid., 437 en *Algemeen Handelsblad*, 16 mei 1949. Kroon beriep zich op de Staatsregeling en op Artikel 51 van het Reglement van orde der Staten welke, aldus Kroon, bepaalde dat het stemmen over personen schriftelijk in een openbare zitting moet geschieden. Ofschoon de voorzitter geen bezwaar had tegen een herstemming stelde hij dat er nergens staat, dat de schriftelijke stemming in het openbaar moest gebeuren. *Notulen*, 1948–49, No. 27, 9 mei 1949, 439.

163 *Amigoe*, 10 mei 1949. Supp. Coll. G.F. Map 42.

164 Ibid.

165 Aangehaald in *Nos Lucha*, Anja 3, No. 50, 9 mei 1949.

166 *Notulen,* 1949–50, No. 2, 23 mei 1949, 6–8.

167 Brief van J. van Toorn d.d. 25 mei 1949 in *Notulen,* 1949–50, No. 3, 25 mei 1949, 9. Zie ook *Algemeen Handelsblad,* 7 juni 1949, Supp. Coll. G.F. Map 42, en *Nos Lucha,* Anja 3 No. 50, 7 juni 1949, 1.

168 *Notulen,* 1949–50, No. 3, 25 mei 1949, 11.

169 Afwezig waren Mr. E. Cohen Henriquez en J. van Toorn van de N.V.P., J. H. A. Eman van de A.V.P. en Mr. I. C. Debrot van de K.V.P., Ibid., no. 4, 9 juni 1949, 15.

170 Deze negen Statenleden waren: Irausquin, Dussenbroek, Tromp, Croes, Debrot, Jonckheer, Kroon, Braam en Gerharts. Ibid., 17.

171 Ibid. *Beurs,* 3 juni 1949 schreef naar aanleiding van de brief van de 9 oppositieleden dat de fout van meet af aan door de coalitiepartijen gemaakt was toen zij nalieten de oppositie enige invloed in het landsbestuur te gunnen. *Beurs* noemde als mogelijkheden om uit de impasse te komen, ontbinding van het C.A.B of wijziging van de samenstelling daarvan of het ontbinden van de Staten.

172 *Amigoe,* 8 juni 1949, 2; *Notulen,* 1949–50, No. 4. 9 juni 1949, 19.

173 Ibid., 20.

174 Ibid., 21.

175 Ibid.

176 Ibid., 23; *Beurs,* 10 juni 1949, Supp. Coll. G.F. Map 42.

177 *Amigoe,* 8 juni 1949, Supp. Coll. G.F. Map 42.

178 Ibid., ongedateerd (10 juni 1949?), Supp. Coll. G.F. Map 42.

179 Zie rede van Cruger in *Notulen*, 1949–50, No. 4, 9 juni 1949, 23.

180 *Beurs*, 20 juni 1949; *Amigoe*, 21 juni 1949, beide Supp. Coll. G.F. Map 77. De demonstratie ging niet door, aangezien de politie geweigerd had er toestemming voor te geven.

181 *Beurs*, 2 juli 1949. Een kritische bespreking van dit artikel van Da Costa Gomez is te vinden in Gaay Fortman, 'Kroniek Nederlandse Antillen,' *West-Indische Gids* 30 (1949): 286–7.

182 *Beurs*, 2 juli 1949.

183 Ibid.

184 Wij willen hier niet mee beweren dat Da Costa Gomez van 1946 tot en met 1949 zijn steun aan de 8-8 verhouding gaf met het oog op de formatie van een C.A.B. na de eerste algemene verkiezingen in 1949. Een dergelijke stelling is niet aannemelijk te maken.

185 Henny Eman besprak op een A.V.P.-vergadering van 26 mei 1949 de stellingname van Irausquin ten aanzien van kwesties als de afscheiding an Aruba, de coalitie, de Interim-regeling en het plan-Van Poelje. Emans weergaven van het een en ander werd ondersteund oor de aanwezige N.V.P.-delegatie bestaande uit H. Pieters Kwiers, G.F. Cruger, E. Broos – lid van het Dagelijks Bestuur – en B. Ph. Römer. *Nos Lucha*, Anja 3 No. 53, 7 juni 1949.

186 *Notulen*, 1949–50, No. 5, 7 juli 1949, 33–4.

187 *Nos Lucha*, Anja 3 No. 53, 7 juni 1949.

188   In de Statenvergadering van 21 juli 1949 (*Notulen*, 1949–50, No. 7, 62) deelde P. Croes mee dat hij de overeenkomst voor de coalitie weliswaar had ondertekend, maar later tot inkeer was gekomen. Hij zei dat als volgt: 'Toen ik tot de conclusie kwam, dat de coalitie op een dictatoriale basis werd gevormd en dat Dr. da Costa Gomez van de Arubaanse stemmen misbruik maakte om vier van zijn mensen aan te wijzen als Voorzitter en Ondervoorzitter der Staten, Vertegenwoordiger van de Nederlandse Antillen en in de commissie Volkswoningbouw, waartegenover onze partij de zoon van onze grote Leider kreeg, werd ik genoodzaakt om al mijn handtekeningen terug te trekken, voordat ik het Arubaanse ideaal zou verraden. Op 26 augustus 1949 herinnerde Croes aan zijn brief d.d. 25 mei 1949 waarin hij Henny Eman meedeelde alle door hem geplaatste handtekeningen ten behoeve van de A.V.P. in te trekken. Zie *Notulen*, 1949–50, No. 13, 26 augustus 1949, 274.

189   Ibid. No. 5, 7 juli 1949, 28. Dit was tijdens Cohen Henriquez' eerste optreden in de nieuwe Staten op 7 juli.

190   Henny Eman zou een voorstel van Da Costa Gomez om Albert Eman te vervangen zeer waarschijnlijk als een daad tegen Aruba hebben beschouwd. Het voortbestaan van de N.V.P./A.V.P.-coalitie zou dan in het geding zijn gekomen.

191   *Notulen*, 1948–49, No. 36, 3 mei 1949, 415–6 en *Notulen*, 1949–50, No. 4, 9 juni 1949, 19–20. Ook het misbruiken van een toevallige meerderheid in de Staten om het C.A.B. ten val te brengen behoort tot een van de gehanteerde middelen die het ontbreken van een parlementaire traditie verrieden. Zelfs een trouwe opkomst van de

coalitieleden had vóór de toelating van De Lannoy en Buncamper, een incidentele meerderheidspositie van de oppositie niet kunnen uitsluiten; Gaay Fortman, 'De ontwikkeling van den politieken toestand op de Nederlandse Antillen,' *West-Indische Gids* 30 (1949): 237–41 noemde het wegblijven van coalitie en oppositie van vergaderingen een teken van politieke ontaarding.

Hoofdstuk 4

192 *Beurs*, 2 juli 1949. *Notulen 1949–50*, No. 5. 7 juli 1949, 28–9.

193 *Beurs*, 2 juli 1949.

194 Gaay Fortman, 'Kroniek,' (1949): 286–7.

195 *Amigoe*, juli 1949.

196 Geen enkele van de geraadpleegde bronnen maakt melding van de inhoud van Dussenbroeks formatievoorstel.

197 *Notulen*, 1949–50, No. 7, 21 juli 1949, 54.

198 *Amigoe*, 30 juni 1949.

199 *Notulen*, 1949–50, No. 5, 7 juli 1949, 25.

200 *Amigoe*, 8 juli 1949. Zie ook *Beurs*, 8 juli 1949.

201 *Notulen*, 1949–50, No. 6, 8 juli 1949, 36.

202 Kasteel, *Ontwikkeling*, 216. De Democraten steunden het zakenkabinet-Kwartsz omdat zij, naar hun eigen zeggen, meenden dat het samengesteld was uit eerlijke en bekwame mensen. Zie ook *Notulen*, 1949–50, No. 7, 21 juli 1949, 63, 65.

203 Kasteel, *Ontikkeling*, 216.

204 *Beurs*, 12 juli 1949.

205 *Algemeen Handelsblad*, 12 juli 1949.

206 *Notulen*, 1949–50, No. 9, 5 augustus 1949, 104–5.

207 Tijdens het C.A.B.-Kwartsz beperkten *Beurs* (in lichte mate pro N.V.P. en pro coalitie) en *Amigoe* (consequent pro K.V.P. en anti coalitie) zich in sterke mate tot het woordelijk weergeven van de debatten in de Staten. Elk liet weliswaar het accent vallen op de redevoeringen van de Statenleden behorende bij dat blok waar de sympathie van de redactie naar uitging. Politieke analyses met expliciete uitspraken over de twee kampen zoals wij die tijdens het College-Da Costa Gomez waren tegengekomen, waren nu zeer zeldzaam. Hierom zijn deze dagbladen van weinig nut geweest voor onze weergaven en beoordeling van het politieke gebeuren tijdens dit derde C.A.B. Wij hebben veelvuldig gebruik gemaakt van de Notulen der Staten, waar *Beurs* en *Amigoe* hun informatie grotendeels uit haalden.

208 Wij handhaven de termen coalitie en oppositie voor het aanduiden van de twee groepen die zich tijdens het C.A.B.-Da Costa Gomez in de Staten gevormd hadden. Ook zij bleven zichzelf zo noemen. Wij hanteren deze benamingen in het besef dat deze termen ons niets meedelen omtrent de houding die wij van deze twee groepen ten aanzien van het College-Kwartsz mogen verwachten.

209 *Notulen*, 1949–50, No. 7, 21 juli 1949, 51.

210 Ibid., No. 13, 26 augustus 194, 254.

211 W. R. Plantz werd ervan verdacht vóór de verkiezingen van maart 1949, de naam van W. G. Buncamper te hebben toegevoegd aan de kandidatenlijst van St. Maarten nadat de kiezers die de lijst ondersteunden hun handtekening onder de lijst hadden geplaatst. De ondertekenaars zouden niet op de hoogte zijn gesteld van de toevoeging. Naar aanleiding van deze kwestie nam Plantz op 14 juni ontslag als lid van het C.A.B. Op 8 juli werd hij door de rechter vrijgesproken van de verdenking van fraude, nadat gebleken was dat de heer Wathey, aan wie Plantz had verzocht om de ondertekenaars van de bijschrijving van een vierde kandidaat in kennis te stellen, dit had nagelaten omdat hij veronderstelde dat de ondertekenaars er wel mee akkoord zouden gaan. Tevens bleek dat de ondertekenaars geen bezwaren hadden geuit toen de lijst ter inzage was gedeponeerd. De rechter oordeelde dat Plantz niet opzettelijk valselijk had gehandeld. Zie *Today*, 16 juni 194 en *Vonnis* van rechter Mr. F. R. Povel, d.d. 8 juli 1949, beide in Supp. Coll. G.F. Map 42.

212 *Notulen 1949–50*, No. 7, 21 juli 1950, 58.

213 Ibid.

214 Ibid.

215 Ibid., No. 8, 4 augustus 1949, 17–8.

216 Ibid., 81.

217 Ibid., 81–102; Ibid., No. 9, 5 augustus 1949, 103–206; Ibid., No. 10, 8 augustus 1949, 207–16.

218 Ibid., No. 9, 5 augustus 1949, 191. Zie ook *Beurs*, 9 augustus 1949.

219 Ibid., No. 10, 8 augustus 1949, 220–1.

220 De eerste twee zinnen van Artikel 209 van de Grondwet van 1948 luidden: 'Bij de voorbereiding en vestiging van de nieuwe rechtsorde zal worden in acht genomen de uitkomst van het reeds gepleegde gemeen overleg [de RTC van januari tot en met maart 1948 tussen Nederland, Suriname en de Nederlandse Antillen], zoals in de volgende leden van dit artikel is omschreven. Er zal een Unie worden gevormd, waarin als gelijkwaardige staten deelnemen het in het vijfde lid bedoelde Koninkrijk [Nederland, Suriname en de Nederlandse Antillen] en de Verenigde Staten van Indonesië. Indien de uitkomst van het voortgezet overleg daartoe leidt, treedt Nederland in de plaats van dit Koninkrijk'; Gorsira, *Emancipatie*, 50–1. Zie ook *Notulen*, 1949–50, No. 11, 19 augustus 194, 232 en *Beurs*, 20 augustus 1949.

221 *Notulen*, 1949–50, No. 11, 19 augustus 1949, 232.

222 Ibid., 233.

223 Ibid., 236.

224 Ibid., 237.

225 Ibid., 241.

226 Ibid., 242.

227 Ibid., No. 12, 19 augustus 1949, 245–52.

228 Ibid., 249 (Wijzigingsvoorstel R.v.O.) en 252 (Motie van Wantrouwen).

229 Ibid., No. 13, 26 augustus 194, 255; *Beurs*, 29 augustus 1949.

230 Ibid., 259.

231 Ibid., 263.

232 Ibid., 264.

233 Ibid., No. 12, 19 augustus 1949, 249. Tijdens de stemming in de ochtendvergadering van 19 augustus was Debrot afwezig toen de oppositie blanco stemde. Tijdens de avondvergadering waren er bij de eerste stemming 12 stemmen op Da Costa Gomez uitgebracht, terwijl de coalitie 11 leden telde. De resterende 9 waren blanco. Bij de herstemming kreeg Da Costa Gomez 11 stemmen, 9 waren blanco en 1 ongeldig. Het is niet uitgesloten dat Mr. I. C. Debrot in eerste instantie voor de N.V.P.-kandidaat stemde en later besloot zijn stembriefje ongeldig te maken. Op deze wijze kon hij van zowel de tactiek van de oppositie als van het streven van de coalitie afstand nemen.

234 Ibid., No. 13, 26 augustus 1949, 257; *Beurs*, 27 augustus 1949 en *Amigoe*, 27 augustus 1949.

235 *Notulen*, 1949–50, No. 8, 4 augustus 1949, 68 en No. 13, 26 augustus 1949, 258.

236 Ibid., No. 13, 26 augustus 1949, 259.

237 Ibid., 262 en 265.

238 Ibid., 265.

239 Ibid., 270–81. *Beurs* en *Amigoe* van 27 augustus 1949.

240 Ibid., 273.

241 Ibid., No. 9, 5 augustus 1949, 189–206.

242 Ibid., 204–5.

243 Ibid., No. 10, 8 augustus 1949, 207.

244 Ibid., No. 17, 10 november 1949, 378–82.

245 Ibid., 391.

246 Ibid., No. 18, 17 november 1949, 403–5.

247 Ibid., No. 9, 5 augustus 1949, 191.

248 Ibid., No. 18, 17 november 1949, 406.

249 Ibid., 407, 409, 410.

250 Ibid., 404 en 410.

251 Ibid., No. 17, 10 november 1949, 384 (Debrot) en No. 18, 17 november 1949, 410 (Jonckheer).

252 *Notulen*, 1949–50, Verordeningen sub 28, Nos. 1 en 2, 22 december 1949.

253 Ibid., No. 3, 22 december 1949.

254 Ibid., No. 5, 12 januari 1950 en *Notulen*, 1949–50, No. 24, 12 januari 1950, 604–6.

255 Ibid., Verordeningen sub 28, No. 4, 12 januari 1950.

256 *Notulen*, 1949–50, No. 24, 12 januari 1950, 608.

257 Ibid., 607 (Gerharts) en 615 (Kroon).

258 Ibid., 616.

259 Ibid., 628.

260 Eman Trading, een scheepsagentuur, stond onder leiding van Godfried Eman. Ons is niet bekend of deze persoon familie van Henny Eman was.

261 *Notulen*, 1949–50, No. 24, 12 januari 1950, 612.

262 Ernest Cohen Henriquez was in december 1948 in het huwelijk getreden met Ina Curiel, een familielid van Alex Curiel. *Nos Lucha*, Anja 3, No. 48, 19 februari 1949, 2.

263 *Notulen*, 1949–50, No. 24, 12 januari 1950, 621.

264 Ibid.

265 Ibid., 623–5 en 630.

266 Ibid., 633.

267 Ibid. No. 29, 17 maart 1950. 781.

268 Ibid., No. 30, 31 maart 1950, 795.

269 Ibid., No. 25, 2 februari 1950, 656.

270 Ibid., No. 30, 31 maart 1950, 799.

271 Ibid., 801–3.

272 Ibid., 811.

273 Ibid., 814.

274 Kasteel, *Ontwikkeling*, 230.

275 *Notulen*, 1949–50, Stuk 1, No. 13.

Hoofdstuk 5

276 *Hand.*, *T.K.* 1949–50, 1639 Bijl. No. 3 Mvt. 2. In een reactie op het Eerste Advies van de Staten van 13 oktober 1949 merkte de regering bovendien op dat zij tot de invoering van de Interimregeling had besloten mede, 'opdat reeds dadelijk in de praktijk nuttige lering kan worden

opgedaan, met name ten aanzien van de in het leven geroepen zelfstandigheid der eilanden.' Zie Helsdingen, *Staatsregeling*, 17–8.

277 Op de laatste zitting (18 maart 1948) van de Conferentie Nederland-Suriname-Nederlandse Antillen heeft de conferentie een Redactiecommissie ingesteld tot het opstellen van een ontwerp-Rijksgrondwet. De Redactiecommissie was in oktober 1948 met haar werk gereed gekomen en zond het resultaat daarvan aan de regering. De regering had begin 1949 echter te kennen gegeven een lichtere regeling voor samenwerking tussen de drie Gebiedsdelen te verkiezen. In februari 1950 zond de regering een eigen schets van een statuut, inhoudende de grondslagen voor de samenwerking der drie rijksdelen in het Koninkrijk, naar Suriname en de Nederlandse Antillen. Deze schets moest dienen als basis voor de besprekingen op de tweede RTC, die zo spoedig mogelijk na de verkiezing der Staten, voortvloeiende uit de Interimregeling, zou worden belegd. Zie Helsdingen, *Staatsregeling*, 15 en Gorsira, *Emancipatie*, 10.

278 *Conferentie*, Motie I, 14.

279 Gorsira, *Emancipatie*, 30–2. Kasteel, *Ontwikkeling*, 190–2.

280 In de Statenvergadering van 8 augustus 1949, (*Notulen,* 1949–50, No. 10, 230) citeerde Jonckheer onder andere deze woorden van Henny Eman uit *El Regulador*, No. 65 van 4 maart 1949. Hiermee wilde de D.P.-leider bewijzen dat Eman, die in augustus 1949 de Interimregeling vurig verdedigde tegenover de overgelopen Irausquin, in het verleden anders over de Interimregeling had geoordeeld. In vertaling luidden Emans woorden als volgt, 'de wet die bedekt gaat met een masker van vrijheid, maar die

een hart heeft van knechting (slavernij), van koloniale gevoelens.'

281 *Nos Lucha*, Anja 3, No. 53, 7 juni 1949, 2–3.

282 Kasteel, *Ontwikkeling*, 218, meldt dat *Nos Lucha*, dat zij per abuis het blad van de A.V.P. noemt, de Interimregeling 'de maag' en 'het hart' van het plan Van-Poelje noemde, hetgeen een andere verhouding tussen de twee suggereert. Kasteel ontleende dit aan *Amigoe* van 27 juni 1949. Wij veronderstellen dat hetzij *Amigoe* hetzij Kasteel, of beiden onnauwkeurig is/zijn geweest bij het overnemen van datgene wat in *Nos Lucha* van 7 juni gestaan heeft.

283 *Beurs*, 22 januari 1949 deed melding van het zonder reserve toejuichten van de Interimregeling door Da Costa Gomez. Zie ook *Trouw*, 3 september 1949, Supp. Coll. G.F. Map 77.

284 *Notulen*, 1948–49, No. 27, 9 mei 1949, 441.

285 *Amigoe*, 23 mei en 27 juni 1949.

286 *Beurs*, 22 september 1949.

287 *Conferentie Nederland, Suriname, Nederlandse Antillen Vademecum* ('s-Gravenhage, 1952), 13–6; Gorsira, *Emancipatie*, 13–21.

288 *Conferentie Vademecum*, 14–5; Gorsira, *Emancipatie*, 19–20.

289 *Conferentie Vademecum*, 16–7; Gorsira, *Emancipatie*, 41–2. Zie ook Helsdingen, *Staatsregeling*, 60 (Artikel 28 en 29) en 111 (Artikel 68, 398) en Artikel 1 R'ment v.d. Gouverneur.

290 *Amigoe*, 15 oktober 1949; *Notulen*, 1949–50, No. 16, 13 oktober 1949. Bijl. 1, 4.

291 Helsdingen, 'Het Statuut voor het Koninkrijk der Nederlanden,' *West-Indische Gids*, 35 (1955): 188.

292 *Amigoe*, 16 december 1949.

293 Kasteel, *Ontwikkeling*, 63–73, 145, 157–67; Gorsira, *Emancipatie*, 37–41; *Amigoe*, 15 oktober 1949; *Beurs*, 14 oktober 1949.

294 *Hand., T.K.* 1949–50, 1639 MvT. No. 3.

295 *Notulen*, 1949–50, No. 16, 13 oktober 1949, Bijl. 2 en 8. In 1946 had Mr. E. Cohen Henriquez als één van de weinige Statenleden – van 1945 tot 1949 was hij een benoemd lid – tegen het voorstel voor de zetelverhouding 8-8-2-3 gestemd.

296 Ibid., Bijl. 3 en 15–6. De minderheidsnota-Irausquin werd ondersteund door de D.P. (3 leden). Zie ook ibid., 355.

297 Gorsira, *Emancipatie*, 33–4; Kasteel, *Ontwikkeling*, 225.

298 *Notulen*, 1949–50, No. 20, 6 december 1949, 430–59. Zie tevens *Amigoe*, 15 december 1949.

299 Zie met betrekking tot de D.P.-manifestatie *Beurs*, 13 december 1949. De K.V.P.-bijeenkomst werd verslagen in *Amigoe*, 15 december 1949.

300 *Notulen*, 1949–50, No. 25, 2 februari 1950, 638–52.

301 Ibid., No. 26, 16 februari 1950, 660.

302 Ibid., No. 28, 6 maart 1950, 727–9; Helsdingen, Staatsregeling, 149–52.

303 *Notulen, 1949–50*, No. 28, 6 maart 1949, 728. Gorsira, *Emancipatie*, 34.

304　*Hand., T.K.* 1949–50, 1639, Bijl. 6 MvT, No. 3, 13 zoals geciteerd bij Kasteel, *Ontwikkeling,* 226.

305　Helsdingen, *Staatsregeling,* 156. *Hand., T.K.* 1949–50, 1639, MvT No. 3.

306　Ibid.; Gorsira, *Emancipatie,* 36–7.

307　Helsdingen, 'Aruba,' 154; Kasteel, *Ontwikkeling,* 226–7.

308　*Hand., T.K.* 1949–50, 1639, V.V. No. 12; Helsdingen, *Staatsregeling,* 157–8.

309　*Hand., T.K.* 1949–50, 1639, Bijl. 1 V.V. No. 12; Helsdingen, *Staatsregeling,* 159–60.

310　*Notulen,* 1950–51, No. 2, 2 juni 1950, 12–35.

311　*Hand., T.K.* 1949–50, 1639, MvA No. 14.

312　Ibid., Verslag No. 16.

313　Ibid., 1949–50, 2152.

314　Zie voor de redactie van Artikel 44 het Vierde Hoofdstuk 1e afdeling betreffende de samenstelling der Staten; Helsdingen, 'Aruba en de separacion,' *West-Indische Gids* 35 (1954): 130.

315　Ibid., 334.

316　*Amigoe* en *Beurs,* 14 oktober 1949.

317　Zie voor minderheidsnota-Cohen Henriquez; *Notulen,* 1949–50. No. 16, 13 oktober 1949, Bijl. 2 en 13. En voor wat Debrot c.s. betreft, ibid., 331 en *Hand., T.K.* 1949–50, 1639, Bijl. 4 MvT No. 7.

318 *Beurs,* 8 december 1949.

319 *Hand., T.K.* 1949–50, 1639, V.V. No. 12.

320 Tiende Hoofdstuk, Landsregeling 1951 i.c. Defensiewet Neder-landse Antillen. Zie daarvoor Helsdingen, 'Aruba', 426.

321 Zie voor wat de leidende rol van de D.P. betreft *Beurs,* 14 oktober 1949 en *Amigoe,* 15 oktober 1949. Zie voorts *Notulen,* 1949–50. No. 16, 13 oktober 1949, Bijlage 4, 5.

322 *Hand., T.K.* 1949–50, 1639, Bijl. 4 MvT, No. 7.

323 *Beurs,* 8 december 1949.

324 *Hand., T.K.* 1949–50, 1639, MvA, No. 14.

325 Ibid. V.V. No. 12.

326 Helsdingen, *Staatsregeling,* 46.

327 *Amigoe,* 15 oktober 1949; *Notulen,* 1949–50. No. 16, 13 oktober 1949.

328 Helsdingen, *Staatsregeling,* 417–18 (Artikel 38 R'ment voor de Gouverneur).

329 Ibid., 14–5. Begin mei 1950 werd het ontwerp-Eilandenregeling aan de Staten aangeboden. Hun advies volgde op 20 oktober 1950. Na het overleg van Minister van Schaik met de Staten in februari 1951 trad de Eilandenregeling op 14 maart 1951, ruim één maand na de volledige in werking treding van de Interimregeling zelf in werking.

330 Ibid., 288–9; Gorsira, *Emancipatie,* 45.

331 Raadpleeg Helsdingen, *Staatsregeling*, 297–8 en Kasteel, *Ontwikkeling*, 227 voor een weergave van de MvT ten aanzien van het Vijfde en Zesde Hoofdstuk.

332 Gorsira, *Emancipatie*, 46; Helsdingen, *Staatsregeling*, 386–7.

333 Ibid.

334 Henny Eman zou, aldus Jonckheer, deze uitspraak hebben gedaan in de 'wandelgangen' tijdens de Statenvergadering van 6 december 1949. Eman ontkende Jonckheers bewering niet. Zie *Beurs*, 7 december 1949.

335 Op 6 december 1949 diende Jonckheer een voorstel in tot wijziging van het advies der Staten, inhoudende handhaving van de 8-8-2-3 verhouding. Eerst had hij aan dit advies meegewerkt. Hij vroeg nu om volledige toepassing van het evenredigheidsbeginsel en motiveerde zijn voorstel als volgt: 'De staten hebben in hun advies [13 oktober 1949] er op aangedrongen het plan-Van Poelje als basis van de regeling voor de zelfstandigheid der eilanden te willen gebruiken en, ofschoon wij toejuichen, dat de Vice-Minister President [Van Schaik] blijkbaar grotendeels zelfstandigheid van de eilanden in overeenstemming met het plan-Van Poelje hoopt te regelen, is het te betreuren, dat de heer Vice-Minister President ook het overkoepelend lichaam voor een gedeelte volgens het plan zou willen zien.' Een gelijk aantal zetels voor Aruba en Curaçao zou, aldus Jonckheer, bij de instelling van eilandelijk zelfbestuur niet langer noodzakelijk zijn. Zie *Notulen*, 1949–50, No. 20, 6 december 1949, 433 en ibid., No. 28, 6 maart 1950, 748–9.

336 Ibid., No. 26, 16 februari 1950, 665, 674. De D.P.-bezwaren betroffen het ontslag van de procureur-generaal, het beroep op de Kroon (beide in de Landsregeling), de uitzetting van militairen en de redactie van het artikel over de beroeps- en bedrijfsuitoefening (niet-inwendige aangelegenheden.

337 Ibid., 692.

338 Ibid., No 27, 17 februari 1950, 700–1.

339 Ibid., No. 28, 6 maart 1950, 778.

340 Ibid., No. 29, 17 maart 1950, 784.

341 Ibid., 1950–51, No. 2, 2 juni 1950, 7–37.

342 Ibid., 19–20 (Debrot c.s.), 21 (Jonckheer c.s.).

BIBLIOGRAFIE

A. COLLECTIE MR. B. DE GAAY FORTMAN (1884–1961)

1. *Boeken en brochures*

Braam, H. L. *Hoe ons land geregeerd wordt.* Willemstad, 1953.

Brion, F. *Tragedia di nos raza y su resureccion.* Willemstad, 1948.

Conferentie Nederland, Suriname, Curaçao: Resoluties en Moties aangenomen tijdens de 3ᵉ Openbare Vergadering op 18 maart 1948. 's-Gravenhage, 1948.

Conferentie Nederland, Suriname, Nederlandse Antillen Vademecum. 's-Gravenhage, 1952.

Costa Gomez, M. F. da. *Curaçao rijp voor Autonomie.* Willemstad, 1947.

———. *Enkele onderwerpen van staatsrechtelijke aard.* Willemstad, 1946.

———. *De politiek van Nederland ten aanzien van de overzeesche staatsdeelen in verband met de nieuwe opvattingen over koloniale politiek; rede gehouden op 20 april 1945.* Willemstad, 1945.

———. *Vier redevoeringen.* Willemstad, 1946.

———. "Het wetgevend orgaan van Curaçao;

samenstelling en bevoegdheid bezien in het kader van de Nederlandsche koloniale politiek." PhD diss., Universiteit van Amsterdam, 1935.

Gaay Fortman, B. de. *Schets van de politieke geschiedenis der Nederlandse Antillen (Curaçao) in de twintigste eeuw.* 's-Gravenhage, 1947.

——. 'Kroniek Curaçao.' *West-Indische Gids* 29 (1948): 92–3.

——. 'Kroniek Nederlandse Antillen.' *West-Indische Gids* 30 (1949): 286–8.

——. 'De ontwikkeling van den politieken toestand op de Nederlandse Antillen.' *West-Indische Gids* 30 (1949): 237–43.

Gorsira, M. P. *De Staatkundige emancipatie van de Nederlandse Antillen.* 's-Gravenhage, 1950.

Helsdingen, W. H. van. *De Staatsregeling van de Nederlandse Antillen van 1955: Historische toelichting en praktijk.* 's-Gravenhage, 1956.

Kasteel, A. C. T. *De staatkundige ontwikkeling der Nederlandse Antillen.* 's-Gravenhage, 1956.

2. *Periodieken*

Alerta. Willemstad, 1948–53. Niet compleet.
ORGAAN VAN DE KATHOLIEKE VOLKSPARTIJ.

Amigoe (di Curaçao). Willemstad, 1947–73.

Curaçao. Willemstad, 1948–50.
WEEKBLAD VOOR DE STAATKUNDIGE, ECONOMISCHE EN CULTURELE BELANGEN VAN HET GEBIEDSDEEL CURAÇAO.

Democraat. Willemstad, 1945–51. Niet compleet.
ORGAAN VAN DE DEMOCRATISCHE PARTIJ.

Lux. Willemstad, 1944–6.

Nos Lucha. Willemstad, 1954.
ORGAAN VAN HET VOLKSCOMITÉ EN LATER VAN DE
NATIONALE
VOLKSPARTIJ.

Pueblo. Willemstad, 1949.
ORGAAN VAN DE NATIONALE VOLKSPARTIJ.

De West-Indische Gids. 's-Gravenhage, 1944–53.

3. **Knipsels en overdrukken**

SUPPLEMENT COLLECTIE DE GAAY FORTMAN

Map   30   Curaçao. Verkiezingen – Politieke
partijen (1945 en 1949).
42   Krantenknipsels en brieven –
ongedateerd.
45   Nederlandse Antillen. Interimregeling.
49   Nederlandse Antillen 1946. Afvaardiging
an
de Staten van Curaçao; petitie,
memorandum
enz. Raad van Bestuur van Curaçao.
Rapport
parlementaire Cie. 1947.
51   Nederlandse Antillen. Interimregeling.
71^I Knipsels 1947.
71^{II} Knipsels augustus 1947–april 1948.
76   Krantenknipsels 1948–1949.
77   Krantenknipsels 1949.
78   Krantenknipsels 1950.

79   Krantenknipsels 1950–1951
80   Krantenknipsels begin 1952–eind 1955.

B. Interviews van De Auteur

Drs. J.A. Abraham, Amsterdam, 20 en 27 juli 1983.

Prof. Mr. E. Cohen Henriquez, Groningen, 14 augustus 1983.

L. H. Daal, 's-Gravenhage, 18 juli 1983.

C. Desmer (pseudoniem), Amsterdam, 9 december 1983.

C. Overheidsstukken

Handelingen der Staten-Generaal. Tweede Kamer 1947–48. Bijlagen 1 650.

———. Tweede Kamer 1949–1950. Bijlagen 1639.

Notulen der Staten van Curaçao. 1946–8.

Notulen der Staten van de Nederlandse Antillen. 1948–51.

Curaçaosch Verslag. 1946–9.

Verslag Nederlandse Antillen. 1950–2.

D. Literatuur

Burns, J.M. Leadership. New York, 1976.

Calvocoressi, P. *World Politics Since 1945.* London: Longman, 1971.

Daal, L. H. 'De mens Moises da Costa Gomez.' Gepubliceerde rede. 22 november 1971.

Goslinga, W. J., red. *Verantwoording en Verantwoordelijkheid.* Willemstad, 1950.

———. *Wat wil de Nationale Volkspartij?* Willemstad, 1950.

Hartog, J. *Curaçao: From Colonial Dependency to Autonomy.* Oranjestad: Van Dorp, 1961.

Helsdingen, W. H. van. 'Aruba en de separacion.' West-Indische Gids 35 (1954): 113–34.

———. 'Het Statuut voor het Koninkrijk der Nederlanden.' West-Indische Gids 35 (1955): 182–91.

———. *De staatsregeling van de Nederlandse Antillen van 1955: Historische toelichting en praktijk.* 's-Gravenhage: Staatsdrukkerij- en Uitgeverijbedrijf, 1956.

Hoeven, P. J. A. ter. *Charisma en politieke vernieuwing.* Alphen aan de Rijn: Samson, 1971.

House, R. J. 'A 1976 Theory of Charismatic Leadership.' In *Leadership: The Cutting Edge.* Uitgegeven door J. G. Hunt en L. L. Larson, 189–208. Carbondale, IL: Southern Illinois University Press, 1977.

Kristof, L. K. D. 'On the Nature of Charisma'. Paper presented to the 9th World Congress of the International Political Science Association. Montreal, QC, August 1973.

Paula, A. F., red. *Week-end di Estudio organisá pa Centraal Historisch Archief.* Willemstad, 1976.

Römer, R. A. "Un pueblo na kaminda. Een sociologisch historische studie van de Curaçaose samenleving." PhD diss., Universiteit Leiden, 1977.

Rosario, G. E. 'Opinion: Moizes F. da Costa Gomez, e gran caribiensis. Su Gloria I su tragedia.' In *Amigoe* (di Curaçao). 10 februari 1973, 2.

Sashkin, M. 'The Structure of Charismatic Leadership.' In *Leadership: The Cutting Edge.* Uitgegeven door J. G. Hunt en L. L. Larson, 212–21. Carbondale, IL: Southern Illinois University Press, 1977.

Shils, E. A. 'Charisma, Order and Status,' *American Sociological Review* 30 (1965): 199–213.

Stogdill, R. M. 'Personal Factors Associated with Leadership: A Survey of the Literature.' *Journal of Psychology* 25 (1948): 35–71.

Verton, P. C. *Politieke dynamiek en dekolonisatie: De Nederlandse Antillen tussen autonomie en onafhankelijkheid.* Alphen aan de Rijn: Samson, 1977.